HISTOIRE

NOUVELLE,

DE MARGOT

DESPELOTONS,

OU LA GALANTERIE

NATURELLE.

HISTOIRE NOUVELLE,

DE MARGOT DES PELOTONS,

OU LA GALANTERIE NATURELLE.

PREMIERE PARTIE.

A GENÈVE.

M. DCC. LXXV.

HISTOIRE
NOUVELLE,
DE MARGOT
DESPELOTONS,
OU LA GALANTERIE
NATURELLE.

JE ne prends point pour modéle de l'Histoire de ma vie, ni la sage Pamela qui avoit pere & mere, ni la prude Cécile qui se console aisément de découvrir l'un & l'autre au sein d'une union illustre, mais illégitime ; ces personnages sont des lieux communs propres à la disette d'imagination de nos Ecrivains Romanesques. Je ne prends point pour orginal ni la Paysanne à

vertus postiches , ni la Marianne au vernis philosophique ; la vérité ne me plaît que dans sa
nudité. Enfin , je ne prétends point me com-
parer à la tendre Julie du Philosophe de Genève,
dont le cœur étoit aussi voluptueux que le mien,
mais dont la conduite vertueusément licencieu-
se a obtenu de la main de son Amant, l'honneur
de l'apothéose. Je veux être seule mon original
& ma copie. J'aime le naturel: que gagnerois-
je , au surplus , à me peindre sous l'emblême
de tant de contrastes ? Un ridicule de plus ? Je
suis connue ; je ne suis point une fille possible ;
c'est même à raison de l'exercice de mes voluptueux projets, que je me suis convaincue de
de mon existence. A moi ! mon cher *J.... J....
R....* je vous prends pour mon Mentor ; vos
leçons n'ont rien d'incommode. Je me suis cru
criminelle ? vous avez déchargé ma conscience
d'une syndérese qui m'accabloit : je courois à la
solitude ; votre Ecrit philosophique m'a rappellé
au monde ; & d'après vos principes moraux,
je me trouve digne du grand jour. Qu'avez-
vous à m'opposer, fiers Critiques de l'homme
naturel ? *J'ai couru la carriere de mon bien-être ;*
c'est sur sa route que j'ai trouvé *l'amour* , *le
bonheur & l'innocence* que *Julie* nous laisse en

partage. Je vivois de fon tems ; fon Amant me l'a préferé, fans doute parce que j'habitois *le Fauxbourg Saint Germain*. Eh ! que vous importe, Philofophe charmant, le vice ou la vertu ; la modeftie d'une *Prude*, ou l'*air grenadier* d'une Coquette ? *Tout eft bien.* (*a*)

Trois femmes du Fauxbourg Saint Marceau à Paris, lieu de ma naiffance, autant que je puis le croire, fe font difputées entr'elles la gloire de m'avoir donné le jour. La querelle n'eft pas encore décidée : peu m'importe de devoir à un arrêt la connoiffance d'une mere ; j'exifte ; je me porte bien ; que faut-il de plus ? D'ailleurs, quelque préférence que je vouluffe donner à ces femmes, mon amour-propre ne pourroit qu'en fouffrir. Lecteur, jugez d'elles par le portrait au naturel que je vais vous en faire.

L'une eft une Vivandiere, veuve de Garnifon, Blanchiffeufe de fon métier. L'autre eft fille domeftique, galante d'un vieux Maître d'Hotel retiré du fervice. La derniere enfin, & celle que je crois ma mere, parce qu'elle

---

(*a*) Tout ce qui fe trouve de Maximes Philofophiques en caractères italiques, eft tiré de la nouvelle Héloïfe, ou d'Emile, Ouvrage de J. J. R.

m'a élevée, étoit Ravaudeuse de profession ;
tenant une de ces petites cuisines volantes au
coin de la rue de... à côté d'un de ces petits
Arcenaux de Gardes-Françoises, que le vulgaire
appelle *Corps-de-Garde* ; mais dont le bel esprit
& l'oreille délicate ne peuvent souffrir l'expression. Telle étoit l'industrie de cette femme
pendant le jour : la nuit elle tenoit Hôtel garni
pour ces *Messieurs*, dans une grande chambre
au premier étage, tout auprès de sa boutique
du jour.

Cette vaste chambre n'étoit garnie que du
plus grossierement utile : un lit large de cinq
pieds, à quatre colonnes très-épaisses, soutenoit une plus dure épaisseur, sommier rempli
de paille ; deux matelas de bourre ; une vieille
couverture verte qui cachoit le jour deux draps
qui ne se changeoient, ou qui ne se relavoient
que par quartier : ce lit tel enfin que ceux de nos
premiers ayeux, sans pompe & sans mollesse,
ouvert à la premiere clarté du jour. Dans un
angle opposé résidoit mon petit grabat, qui
n'avoit rien ni de moins propre, ni de moins
utile. De ce petit réduit j'aurois pû percer de
l'œil & à loisir les charmes & les plaisirs un
peu fréquens de ma très-digne mere, sans une

vieille tapisserie de Bergame qui servoit de mur
de séparation. Une table, quelques bahus, quatre ou cinq chaises de paille, quelques uftensiles
de cuisine, formoient tout notre ménage.

Le matin je portois le dîner à ces *Messieurs*
dans la retraite de Mars. Le soir ils s'assem-
bloient à notre Hôtel pour y souper, & y coucher si bonheur sembloit ; comme il n'y avoit
qu'un lit, chacun se disputoit l'avantage du
choix ; ma prétendue mere en décidoit ; ce lit
commun fut le lit nuptial qui sans doute me tira
du néant. Lequel étoit mon pere ; Lecteur,
décidez de l'énigme. Moi, de peur de me
tromper, je les appellois tous mon *Papa* ; le
tems n'étoit point encore venu d'exercer ma
discrétion, & de m'aprendre quel étoit cet
homme si cher à la nature, dont l'ignorance
a tant fait verser de pleurs à nos Héroïnes. Je
les chérissois tous, & tous m'aimoient. Le
mouchoir jetté de la part de ma mere, le reste se
retiroit au camp volant ou à l'Hôtel commun ;
je veux dire, (permettez-moi encore cette
expression,) au Corps-de-Garde. Depuis que
je suis Comtesse, j'ai de la peine à prononcer
ces gros vilains mots ; il me faut des périphra-
ses, c'est le ton du beau monde.

Ma mere, si elle l'est, encore une fois, s'appelloit *Margot*; mais elle étoit bien mieux connue sous celui de *Des Pelotons* qu'elle se donnoit, de façon que née pour les *de*, *du*, *des*, elle se fit appeller *Margot des Pelotons*, ou *Madame des Pelotons*. La critique est une bête feroce qui dévore la pauvre humanité, & sur-tout celle de notre espéce : que fait au Public le nom de *Margot des Pelotons*, ou celui de *Geneviéve Desmarais* ? Mais enfin, quand je m'écrierai contre la malignité du siécle, il ne changera pas de conduite. On voulut sçavoir par la suite ce que signifioit ce nom : les uns remontant à son origine, en trouvoient l'anagramme dans son métier de ravaudeuse, & les autres plus méchans qui ne l'avoient point connue dans le tems de sa brillante jeunesse, l'attribuoient à deux pendans épais qui s'avançoient au-dessous du col, en forme de montagnes si opaques, qu'elle ne pouvoit rien appercevoir de près, qu'en dérangeant cette masse énorme, qui servoit d'armes parlantes pour la justification de son surnom. Ce n'est pas que dans ce tems elle n'eût pu à sa toilette étendre cette molle épaisseur, & par ce moyen en diminuer l'énormité ; mais ce

n'est pas le goût du sexe : il fallut donc s'y
conformer & retenir un nom qu'elle ne pouvoit plus aimer. Quoi qu'il en soit , je m'écarte
de mon sujet , & je reviens à dire , que du tems
après qu'elle eût déclaré son mariage , au nom
d'Ulm .... que portoit celui que j'ai toujours
cru mon pere , originaire d'Ecosse , ma mere y
ajouta le titre de Comte : ce fut pour-lors que
ma mere changea son premier surnom de
Madame des Pelotons , en celui de Madame
d'Ulm .... qui fut du tems après surmonté
du titre de Comtesse. Son Mari étoit Ecossois ,
disoit-elle , & d'une illustre Famille , que des
circonstances avoient obligé de quitter sa Patrie ,
& réduit à être simple Soldat aux Gardes , dont
les hauts faits lui avoient fait mériter d'être
Sergent de Compagnie , & d'entrer par récompense aux Invalides , sous le titre de Lieutenant:
il avoit été ensuite en détachement au loin ,
d'où il ne revenoit que rarement faire sa cour à
sa chere épouse. Il fut donc aisé à ma mere de
faire passer le titre de *Comte* à son mari dans le
Fauxbourg S. Germain , où nous ne connois-
sions personne , & où personne ne nous connoissoit , sur-tout au train que nous prîmes dans
cette contrée , si différente en mœurs de tout

le reste de Paris. Je m'avance sans doute un peu trop ici ; mais , que voulez - vous ? je suis , comme la plûpart des Auteurs Romanesques , le feu d'une imagination , qui me sera bien pardonnable , si on envisage qu'un nom fameux est quelque chose de précieux , à l'entrée d'une histoire telle que la mienne.

En bonne Héroïne moderne , il faut peindre ma figure : cependant je suis honnête ; je commencerai par celle de ma trop heureuse mere. Je la peins ici non telle qu'elle est à présent , mais comme elle étoit au tems de sa brillante jeunesse.

Je conviens que dans ce tems même dont je parle , sa figure n'avoit rien ni de bien ordinaire , ni rien de bien extraordinaire. Je dis qu'elle étoit , car je ne sçais si à l'heure que j'écris elle vit encore ; des circonstances fâcheuses , & dont je rendrai compte , nous ont tellement séparées , que depuis la mort de mon prétendu pere & de son époux prétendu , nous ne nous sommes jamais revues. Apprenez , Auteurs , qu'il faut être exact quand on se fait imprimer.

Ma mere n'étoit ni grande , ni petite , assez bien prise dans sa moyenne taille , le tour du

vifage rond , un peu maffif , un front affez ouvert , les yeux un peu petits , mais très-vifs , la
bouche affez bien faite , la gorge affez belle ,
un peu trop épaiffe , & trop haut montée ; ce
tout enfemble , fans un blond un peu trop
marqué , des taches de rouffeur , & des marques trop multipliées de la petite vérole , formoit une femme qui paffoit dans Claffes ordinaires. En récompenfe elle avoit de l'efprit , du
manége , du jeu , de l'intrigue ; s'énonçant
avec facilité quelquefois avec graces , fur-tout
dans ces momens , où elle fe reffouvenoit de fa
qualité de Comteffe ; le regard impofant , fouvent altier , l'expreffion domeftique un peu
trop à la grenadiere ; celle du beau ton un peu
eftropiée ; vive , emportée , quelquefois furieu-
fe , fon ton de minauderie étoit ordinairement
aigre-doux ; l'aigre étoit du caractere , le doux
étoit celui de compofition. Que de femmes dans
Paris peuvent encore fervir de copies d'un fi
heureux original ! Telle étoit cette femme dont
ja me crois la fille : je ferois bien ingrate de la
répudier , elle à qui je dois mon éducation
naturelle , le bonheur *de mon bien-être* , les
principes *de mon être moral* , & *le façonnement
de mon être phyfique* : elle fur-tout qui a paffé

trois ans dans une affreuse captivité, pour prouver à ses chastes rivales qu'elle étoit l'heureuse mere d'une si digne fille.

Nos Auteurs Romanesques peignent nos portraits à l'aventure ; ils prennent notre imagination pour l'esprit, la volupté pour le cœur, le misantrope nous occupe d'une fausse philosophie, le bel esprit nous surcharge de vernis & de coloris ; tous de concert nous défigurent ; pour moi qui n'emprunte le secours de personne, qui ne suis ni philosophe, ni bel esprit, mais femme aussi naturelle que le pinceau du Mentor d'*Emile*, je vais me peindre avec ses traits : *Nature*, *Nature*, *mere tendre & prévoyante, c'est à toi que j'adresse mes vœux ; j'ai encensé tes Autels depuis que j'ai connu le sentiment du ton physique* ; seconde donc ici mes louables intentions ; conduis mon pinceau ; c'est de moi, comme de ton chef-d'œuvre, que je vais parler. Voici d'abord ma figure.

Je suis d'une taille moyenne, blonde sans être fade, l'œil assez bien ouvert, le nez bien tiré, la bouche un peu grande : en revanche les dents du plus bel émail du monde. Une femme doit tirer parti de tout, ou elle n'est point femme : le front élevé, le bas du visage

tirant un peu en pointe ; cet autre défaut est
réparé par l'embonpoint ; une gorge bien placée, & qui semble sans cesse renaître, la jam-
be parfaite ; je ne brille pas par le bras ni la
main, toutes les proportions en font un peu
trop étendues ; le coude sur-tout un peu pointu : un Robin cependant en a souvent admiré
la belle tournure sans me rendre plus vaine ;
ce n'est point non plus en connoissances de
cette espéce, que brille cette Gente amoureuse ;
n'en parlons point mal cependant, car ces
sortes de Classes galantes, ainsi que celle des
Petits Collets, nous font d'une grande ressource ; j'en ai éprouvé l'avantage. J'avoue avoir
peu d'esprit ; en récompense, j'ai l'imagination fort vive ; mon caractere est enjoué sans
folies, la voix belle, chantant même avec
graces, le ton de la conversation naturel &
assez doux, le commerce aisé ; cependant quelquefois rétif ; nullement *maniérée*, encore moins
intriguante, aimant passionnément, & assez
constante pour une femme de mon état ; de
la décence sans pruderie, n'aimant du plaisir
que la volupté ; franche, naïve, & trop souvent sincere. Me voilà telle que je me connois.

Un jeune & bel esprit de nos voisins les

Militaires , qui avoit la mémoire ornée apparemment , me donna le nom de *Junon* ; c'étoit
déja tirer mon horoscope , & entendre finesse
sur l'incertitude de ma mere ; sans doute qu'il
prévoyoit que je devois former des Héros dans
l'art de la galanterie : les Dieux sont nos maîtres
en tout genre ; si je n'ai point formé des Héros ,
au moins plusieurs ont-ils encensé les Autels de
la jeune Junon.

Quelle fut mon éducation ; c'est encore un
autre mystere ; Critiques , ne vous allarmez
point avant le tems ; je ne puis parler de moi
que depuis que j'ai eu assez de raison pour me
connoître , & assez de mémoire pour m'en souvenir : au-delà , tout est mystere pour moi.

A l'âge de six ans , dont je commence à
dater les époques de ma carriere , j'étois déja
utile à ma très-digne mere ; elle m'avoit déja
appris à tenir l'aiguille ; je sçavois lire , &
ce que vous auriez peine à croire , enfant de
l'incrédulité , je sçavois mon catéchisme par
cœur. Mon Parrein , ce jeune homme qui
m'avoit sur - nommée *Junon* , m'apprenoit le
chiffre , l'addition , la multiplication , la sous-
traction , & à écrire ; de façon qu'à huit ans
au plus , j'étois en état d'en donner des leçons.

J'étois

J'étois déja à cet âge , fille de grande espérance ; mes Mentors formoient déja sur moi
les partis les plus avantageux.

Si j'avois tant de facilité à retenir ce qui
pouvoit m'être utile , j'en avois encore davantage à retenir l'idiome des conversations fa-
milieres de nos Hotes , & les exemples de ma
très-digne mere : je sçavois cet alphabet par
cœur , & j'en épellois les lettres à merveille ;
aucun terme de ce langage ne m'échappoit ;
on trouvoit même des graces toutes particulie-
res dans ma façon d'articuler : il sembloit à
la façon de rire des uns & aux embrassemens
des autres , que je serois en état de former un
Dictionaire de cette langue , lorsque j'aurois
par la suite appris la science d'en développer
l'énergie. Eh ! mon cher Lecteur , n'est-ce
que dans des cercles pareils qu'on donne de
semblables éducations à notre sexe ? & pour
être un peut moins à découvert , n'en sont-
elles pas souvent plus dangereuses ? J'ai vu de
ces gens qui nous injurient tant , mériter à
plus juste titre nos blâmes & nos mépris.

Cependant je me plaisoit infiniment davantage au cerdeau que tenoit ma mere , qu'à
rester sur une chaise toute la journée, l'aiguille

à la main, deftinée à racommoder la culotte
de l'un & les guêtres de l'autre. J'aimois à
courir & à me diffiper. Je trouvois donc ces
deux avantages à me mêler de la cuifine : c'étoit
moi qui portois le dîner à mes tendres *Papas*,
c'étoit ainfi que je les nommois pour-lors,
pendant que ma mere les traitoit de *Meffieurs*.
En entrant dans le Champ de Mars, toute
la compagnie fe réjouiffoit ; tous à l'envi chan-
toient des hymnes en l'honneur de la petite
Déeffe, & chacun fe rendoit compte de l'augmentation de fes charmes naiffans ; je n'y étois
pas infenfible ; cet éloge vaut bien le confeil
d'un miroir. Sans façon on appelloit les chofes
par leur nom ; & ce que je n'entendois pas,
au moindre figne de curiofité, j'étois fure d'être
bientôt inftruite. L'un me faifoit danfer ; l'autre me prenoit fur fes genoux ; un troifiéme
m'embraffoit : enfin tous à l'envi me donnoient
des marques de leur empreffement à fervir à
mon éducation. Dès que j'en étois fortie, c'en
étoit fait jufqu'au foir, car ma très-digne mere
me retenoit à fes côtés, & il m'étoit défendu de vifiter ces *Meffieurs*, pour-lors je re-
prenois l'aiguille, & j'attendois le fouper avec
impatience.

C'étoit bien autre chose, quand à la fin de la journée, sur-tout l'hiver, chacun de nos *Messieurs* se rendoit à l'Hôtel garni de ma mere; c'est-à-dire, quand chacun se rendoit dans la vaste chambre dont je vous ai fait plus haut la véritable peinture. La Compagnie assemblée prenoit place autour d'une vieille table, & là assise sur des chaises, ou de vieux bahus quand les chaises manquoient, elle se disposoit à manger une copieuse soupe aux choux, après laquelle se servoit un plat de légumes, carottes, navets ou féves, suivant la saison. A côté étoit une grosse cruche remplie de vin du cabaret du coin, aux frais de la Garde amoureuse, qui donnoit lieu aux entretiens de l'amour. La Suite domestique de ce petit Dieu, par-tout ailleurs artistement composée, étoit parmi eux dans son plus parfait naturel : les intrigues, les mystères y étoient inconnus, & ce certain je ne sçais quoi, dont on ne peut définir la nature, dans ces cercles de bel esprit n'affectoit jamais ; on étoit sûr d'aimer & d'être aimé ; plaire & se le dire n'étoit que l'affaire du même instant. Ce jeu (eh ! dans ce tems aurois-je présumé qu'il pût y en avoir d'autre) ne me parloit point encore : chacun d'eux dans ce tems se disputoit l'honneur de me mettre au lit, quand chacun s'étoit disputé l'honneur de la préférence du lit de ma très-digne mere. Si j'ignorois dans ce tems la nature d'un tel commerce, j'appris bientôt l'avantage qu'il nous procuroit.

Le souper étoit donc le terme de mes instructions ; mes leçons rouloient toujours sur la pure nature, & le tems du lit étoit le tems de mes comparaisons : l'homme naturel y étoit à découvert. Mon Philosophe de Genève a échappé à cette école ; elle lui étoit cependant plus intéressante qu'à moi-même. De mon grabat j'entendois les colloques d'une conversation naïve, & en détournant mon mur de tapisserie, mon lit étant sans rideaux, j'aurois pu sans l'aide du Philosophe, m'instruire des paralleles d'une sage nature que ce Philosophe ordonne à la jeunesse de bien cultiver. Cependant mon esprit seul profitoit, car je m'endormois avec facilité, & je m'éveillois sans inquiétude. Je ne vous parlerai point des parties de guinguette, & de tous ces autres plaisirs qui entroient nécessairement dans notre genre de vivre. Cependant ces jours-là étoient pour moi & pour ma mere des leçons de morale : eût-on pu se l'imaginer ?

Un Soldat d'une autre Compagnie fort éloignée des nôtres, venoit les Dimanches & les
Fêtes nous enlever à nos plaisirs de la semaine,
& aucun des nôtres n'osoit nous aborder. A
peine cet homme étoit-il arrivé, qu'il nous menoit à la Grand'Messe, & nous n'allions à la
guinguette qu'après Vêpres & le Catéchisme.
Que ne parûtes-vous plutôt, cher Gouverneur
d'Emile, vous auriez retranché ce chapitre de
mon éducation ! Quel service vous m'eussiez
rendu ! C'étoit ce même homme qui me faisoit
respecter mes leçons, & qui me punissoit ou me
récompensoit, suivant que je le méritois. Ma
mere étoit auprès de lui plus sage & plus réservée ; moi-même, je ne sçais par quel pressenti-
ment, je me trouvois plus à mon aise auprès
de lui, & que je goûtois avec plus de plaisir ses
sages remontrances que les folies de nos Hebdo-
madaires. Cet homme n'avoit rien de gai dans
la physionomie ni dans l'esprit ; mais je lui dé-
couvrois un certain bon sens, que je ne trouvois point ailleurs : il m'aimoit, je l'aimois, je
le caressois, & je l'appellois avec plaisir mon
Papa : ah ! Nature, que tu es prévoyante ! Mon
cher J.... J.... un bel exemple pour prouver
votre thése, mais malheureusement pour votre

fystême, cet homme n'étoit pas plus mon pere,
que *Margot des Pelotons* étoit ma mere : la
preuve fe trouve détaillée dans mes mémoires ;
mais enfin je m'attachai à lui comme à mon
pere, ainfi q e je m'étois attachée à ma chere
Margot des Pelotons, que je croyois ma mere,
& conféquemment je m'attachai à l'un & à
l'autre, comme à deux époux, dont le Ciel
avoit béni l'union légitime, par le don de *moi*,
qui étois leur fille, & leur fille unique.

Cet époox de ma très-digne mere, cet Auteur
prétendu de mon exiftence, cet homme enfin,
tel qu'il foit, étoit un grand homme, âgé
de quarante ans, fec, have, bon foldat,
intelligent dans fon état, & qui avoit la confiance de fes Officiers. Comme il parloit notre
langue même dans une énergie fupérieure, il
n'avoit garde de nous reprendre fur cet article :
je m'appercevois bien que notre compagnie ne
le fuivoit pas : j'en demandai un jour la raifon
à ma mere : elle me répondit que c'étoit un
ancien ami de fa famille, qui avoit le droit de
lui en impofer, & qu'il falloit que je le refpecte,
mais que je fuffe affez difcrette pour ne lui rien
dire de ce qui fe paffoit en fon abfence. Je
pouvois bien pour-lors avoir huit ans, & je

commençois à sentir le poids de la discrétion :
c'est un fardeau aussi lourd pour une jeune fille,
que la sûreté de son innocence : j'étois fille, c'est
tout dire. Cette confidence de ma mere, réveilla ma curiosité endormie ; pourquoi veut-on
faire un mystere de ce qui se passe entre nous ?
pourquoi la compagnie s'absente-t-elle dans ces
jours où mon Papa arrive ? pourquoi lui seul est-
il préféré ? pourquoi enfin ma mere est-elle si
soumise devant lui, & si impérieuse à côté des
autres, me disois-je en moi-même ? Pourquoi
celui-ci partage-t-il son lit en maître, & que
c'est elle qui accorde cette faveur aux autres ?
pourquoi enfin celui-ci nous moralise-t-il, &
que les autres semblent être faits pour nous donner du plaisir ? Je n'osois d'un côté faire part de
mes difficultés à personne, encore moins à ma
mere : je n'entendois rien aux rigueurs d'un mariage, encore moins à l'usage d'une Hymenée :
cependant je m'appercevois que ce tout ensemble, ne pouvoit faire que beaucoup de plaisir :
moi - même je commençois à en ressentir les
atteintes ; déja je me plaisois à me voir caressée,
à caresser même, sur-tout mon jeune Perrain,
qui me couchoit ordinairement. L'imagination
fatiguée à force d'examiner, d'entendre, de

rêver , & de réfléchir , je fis part de mes inquiétudes au jeune Soldat , & je lui en demandai
l'explication : celui-ci qui m'aimoit déja , me
dit que j'étois trop petite fille pour m'instruire
là-dessus ; qu'il falloit *attendre l'heure de la nature , & ne la jamais prévenir* ; mais que quand
ce moment seroit arrivé , *il étoit contre l'ordre
de la nature de vouloir combattre son penchant* ;
que c'étoit ainsi que ma mere en usoit ; mais
qu'il falloit à cet égard être discrette sur les
autres , comme sur soi-même ; que cette discrétion étoit le plus grand des plaisirs. Retenez
bien , ma petite *Junon* , me disoit-il en m'embrassant , retenez bien que c'est *la nature qu'il
faut toujours consulter*. En vérité , le sage Géne-
vois ne pouvoit mieux s'exprimer : j'avois donc
un bon Mentor dans mon jeune Soldat ; il ne
veut point , ce Philosophe , ainsi que ma mere ,
faire de moi ni une Citoyenne , ni une Mar-
chande , ni une femme attachée à des devoirs
civils , ni une mere sensible à ses enfans , ni attachée à son état ; mais une fille , une femme
naturelle ; *tel est l'ordre de la nature , & il n'y
en a point d'autres.*

Dans ces momens d'entretiens , quel plaisir
n'éprouvois-je pas pour-lors dans les bras de

mon jeune Amant ! il traitoit sa passion pour moi en fille de mon âge : sans doute qu'il pestoit contre la nature , de ne pas avancer à son gré les termés de son empire ; mais enfin , ces prémices de la nature ne demeurerent point infructueuses.

Je ne sçais par quelle fatalité toute notre compagnie vint tout d'un coup à cesser , & que ma mere fut obligée de quitter & son Hôtel garni , & son commerce , & son industrie.

Je vis un jour toute la bande joyeuse accourir en foule , & se précipiter entre les bras de ma mere , pour lui faire compliment du nouveau grade dont mon Papa *sérieux* , (c'est ainsi que j'appellois notre Soldat moralisant ,) étoit chargé : en effet , il venoit d'être fait Sergent de la Compagnie de *** dans laquelle il avoit toujours servi. On implora la protection de ma mere , & tous d'un ton civil auquel je n'étois pas accoutumée , me vinrent respectueusement embrasser ; mon jeune Soldat pleuroit dans mes bras : je vous aime , ma chere Junon , me disoit-il , il faut donc nous quitter ! Ne m'oubliez pas , je vous prie , & comptez sur ma tendre reconnoissance. Eh ! pourquoi donc ,

lui dis-je d'un ton animé? C'est, me répondit-
il, que votre Papa est Sergent de sa Compagnie,
& qu'il ne convient point à sa femme & à sa
fille de tenir la même conduite avec nous. Hé
bien, lui repartis-je, quand cela seroit; cela
empêche-t-il de nous voir? Non, me dit-il;
mais vous sçavez que quand il vient ici, nous nous
retirons toujours; & si jamais vous changez de
demeure & d'état, il ne me sera plus permis de
vous voir. D'accord, lui dis-je; mais je de-
viendrai grande, & nous pourrons nous voir.
Cela est bien dit, ma chere Junon, m'interrompit-il à son tour; mais quand vous serez
grande, vous m'aurez déja oublié. Non, non,
lui dis-je avec vivacité, je vous aime déja trop
pour vous oublier. Vous jugez bien que je ne
lui ai pas tenu parole: cependant je l'ai toujours
eu gravé dans mon esprit; & à présent même je
me sens des mouvemens de tendresse qui m'em-
portent vers lui, ou plutôt vers son ombre; car
il fut tué à la bataillee de *** dans la guerre de
17... qui survint quelque tems après que nous
eumes changé de logement & de condition.

Le moment tant désiré de ma mere arriva
enfin: me voilà, disoit-elle, Sergente de Compagnie aux Gardes; premier degré d'honneur

& qui nous conduira plus loin. Ma mere avoit
cela de bon, de commun même avec notre
fexe, & de favorable à notre éducation ; c'étoit
de ne tenir qu'aux chofes préfentes, & de changer fuivant les circonftances. La nature de fon
cœur la portoit toujours à ce qu'il y avoit de
plus élevé ; & pour fatisfaire fon ambition, &
fans doute celle à laquelle elle vouloit me faire
parvenir, elle auroit facrifié fes plus chers Galans, perfuadée, difoit-elle, qu'on en trouve
toujours dans toutes fortes d'étages. Madame
des Pelotons ravie de pouffer elle-même fes
aventures ; prenoit toujours le prétexte du *bien-
être* de fa chere fille *Janon.* Que de Prudes,
qui fous le manteau de l'éducation de leurs filles, fe livrent à tous les plaifirs qu'elles n'ofe-
roient fe procurer perfonnellement !

Enfin arrive le lendemain des complimens
faits à ma mere, M. d'Ul.... qui vint annoncer
à fa femme fon changement d'état & de condition. Il l'embraffa avec cette froideur de caractere que vous lui connoiffez ; & me prenant
entre fes bras, il me déclara qu'il étoit mon
pere, & que je lui ferois toujours chere. Je ne
doutois plus pour-lors que j'avois pere & mere ;
mais enfin quand je l'aurois ignoré, je n'en

aurois pas eu le moindre chagrin : la nature est
la mere commune de tous les hommes : Miner-
ve naquit du cerveau de Jupirer , Mars du sein
de la Terre , Vénus de l'écume de la Mer , &
Junon je ne sçais d'où : ces Déesses se sont-elles
lamentées de ne connoître ni pere ni mere ? Les
gens extraordinaires doivent être flattés d'une
naissance qui n'est pas commune. D'ailleurs ,
est-ce la faute des enfans s'ils ne naissent pas au
sein des formalités ? Est - ce souvent la faute des
peres & meres ? Depuis quand ignore-t'on les
effets de la fatalié des ascendans , des astres do-
minans dont nos cercles encensent les autels ?
Laissons nous autres enfans cette stupide délicatesse de vouloir devoir notre origine plutôt à un
contrat en forme , qu'à l'amour & à la tendres-
sse. N'est-il pas vrai , mon cher Mentor , cher
Amant de la vertueuse Julie , que ces maximes
sont prises du sein de la Philosophie la plus
naturelle.

 Quoi qu'il en soit, je sçais que j'ai pere &
mere ; on vient de me l'annoncer ; mon bonheur de ce côté n'a plus de réserve ; j'embrasse
mes chers pere & mere , & je vis soumise à leurs
loix. Que mon papa étoit beau ce jour-là ! je ne
pouvois cesser de le regarder & de me faire un

plaiſir de voir un habit à galons d'argent , une veſte de ſatin , un chapeau bien bordé , un beau bas de ſoie , un ſoulier eſcarpin , la belle boucle de diamans , & une belle cocarde de de rubans de ſoie. Je ne diſtinguois point encore le grade qui lui donnoit droit à tant de reliefs.; mais je m'appercevois à mon petit cœur d'une ſupériorité que mon papa avoit acquiſe , à l'air martial qui ſe découvroit en lui , au ton de maître avec le quel il impoſoit à ceux que la veille il traitoit en camarades , & ſur-tout au reſpect , au chapeau toujours bas , avec leſquels ſes anciens camarades lui parloient. Je commençai dès-lors à diſtinguer dans mon ame ce premier ſentiment de grandeur & de nobleſſe qui devoient s'étendre & ſe perfectionner dans la ſuite.

Si je m'écarte , mon cher Lecteur , c'eſt pour joindre à ce récit des faits la deſcription de mon cœur ; il faut que tout marche d'un pas égal & ſur la même ligne. Je reviens à mon pere.

Sitôt que ces premiers éblouiſſemens furent diſſipés , mon pere adreſſant la parole à ma mere , lui dit : Madame , remarquez que ce nom ſi obſcur & ſi vulgaire de *ma femme* , de *mon mari* , de *ma fille* , ſont indignes des dégrés

de la fortune. Que de Madames fur ce même
ton, qui méprifent dans nous cet air du beau
monde, & qui font moins deftinées que nous à
le porter! Madame, lui dit mon pere, il n'eft
plus queftion de votre état, & il faut le quitter; il faut faire honneur à la dignité à laquelle
je fuis élevé? dignité que je ne dois qu'à ma
valeur & à mon mérite. Je vous préviens, pour
remplir dignement tous vos devoirs, qu'il ne
faut de familiarité avec ces anciens camarades
qui fe trouvent actuellement foumis à mes ordres; qu'il faut les traiter avec bonté, & toujours
avec dignité: il faut auffi corriger vos façons
& vos expreffions; que rien de trivial même
ne forte de votre bouche; treve pour toujours à
ces yeux grenadiers, à ce ton favoyard, à ces
groffieretés foldatefques, & fur-tout à ces fentimens auxquels votre état fembloit vous impofer
la loi: il faut plus, Madame, il faut donner
de nouvelles inftructions à notre chere fille; il
faut la rendre telle que je ne puiffe rougir d'être
fon pere. Je crois que vous ne lui avez donné
que de bons exemples; à cet égard je ne crois
point devoir vous exhorter à tenir une autre
conduite que celle que vous avez tenue jufques
ici. Je crois que vous avez quelques petits

fonds ; c'eſt à préſent le tems de les mettre à profit. J'ai épargné tant que j'ai pu , & je vais jouir des fruits de mes épargnes.

Déterminez-vous , Madame , à quitter cette chambre. Je viens de louer un très-bel appartement , au troiſiéme étage , dans la rue de la Mortellerie , qui eſt compoſé de deux chambres & d'un petit cabinet. Je l'ai fait tapiſſer , l'une de la plus belle Bergame que j'aie trouvée chez les Fripiers du Fauxbourg Saint Antoine : c'eſt dans cette chambre que vous nous ferez la cuiſine. Il faut pendant quelque tems nous paſſer de domeſtique. Faites en ſorte que l'on ne vous découvre jamais dans cet équipage de cuiſiniere. J'ai eu ſoin d'en cacher ſous la tapiſſerie tout l'attirail. L'autre eſt meublée de ces jolies tapiſſeries de la Porte ; ce ſera là notre ſalle de compagnie ; & le cabinet attenant , que j'appellerai *mon Cabinet* , ſera la chambre de ma petite Junon , votre toilette & notre garderobe.

De payer le quartier de cette chambre , & nous ſommes les maîtres d'en ſortir : cependant je ſouhaiterois que vous vous habillez différemment , vous & votre fille , afin que nos nouveaux voiſins ne ſoient point témoins de l'affreux accoûtrement dans lequel vous êtes à préfent.

Quant aux Compagnies que vous y verrez, comme elles feront d'un étage fupérieur, il faudra auffi les recevoir & les vifiter avec ce ton de fupériorité qui donne au premier coup d'œil un vernis de la bonne éducation. Imaginez-vous que vous verrez de grands airs dans ces Marchandes de grains & de Poiffon qui font logées dans cette rue ; que vous aurez des converfations d'un ftyle élégant de la part de ces femmes de Procureurs à la Ville , qui réfident toutes au même endroit. C'eft chez un homme de ce dernier état que j'ai loué. Il ne faut plus parler de parties de guinguette , mais de ces repas que l'on fait venir chez le Traiteur. Nous ne ferons pas loin de la Clef d'argent , où on eft bien traité à vingt-cinq fols par tête. Ne parlez plus de jouer à la boule, de l'As qui court , & à tous ces jeux qui ne fe jouent que dans les maifons obfcures ; mais au bon-homme , au liard la fiche. Vous aurez l'habit de taffetas en été , le damas en hiver; fur-tout foyez bien chauffée , & que vos bas ne tombent pas fur vos talons : enfin , que tout , dans l'air , le maintien , le difcours fe

reffente

reſſente du nom que je porte , des ſentimens
qui me préoccupent , & de la dignité où je
ſuis parvenu. En cet endroit mon pere ſe tut ,
& ma mere reprit la parole.

Soyez perſuadé , *Monſieur* , que je ſçais trop
tout ce que je dois à un nom comme le vôtre & à la place que vous occupez , pour m'é-
garer dans le nouveau monde où vous allez
me placer : ſoyez ſûr que rien de mes ancien-
nes habitudes ne vous donnera occaſion de
rougir : peut-être un jour coopérerai-je à votre
gloire , en récompenſe de celle dont vous m'honorez aujourd'hui. Ma mere ne parloit point
encore ce langage dans une ſi grande pureté ;
j'aide à la lettre. Ajoutez à ce noble diſcours
de ma mere , un maintien grave , un air à
ravir , des yeux qui ſe rouloient avec gravité ,
une gorge qui s'enfloit , & des geſtes dont la
rudeſſe s'eſt applanie par la ſuite. Tant mieux ,
Madame , lui répliqua mon pere. Puis ſe tour-
nant de mon côté , il me dit : Eh bien ! ma
fille , ſeras-tu contente de ton nouvel état ? Je
ne répondois rien , parce que je n'entendois rien
à tout ce langage : cependant j'appercevois
qu'il étoit plus dans mon caractere , que celui
que je devois quitter ; ma petite vanité com-

C

prenoit plus aifément que mon efprit, & déja affectant de me copier fur l'extérieur de ma mere, j'atteignois avec facilité le ridicule de fes contorfions. Mais il en eft de ce changement, comme d'apprendre à danfer : il faut fe roidir, & faire plier fon corps avec empire dans les commencemens ; l'habitude feule donne la facilité & fait évanouir la rudeffe des premieres leçons ; de façon qu'au lieu de répondre à mon papa, je l'embraffai avec tranfport : mais je l'appellois *papa*. Défaites-vous de ce mot *papa*, me dit *Madame*, auffi bien que celui de *ma mere*. Laiffez ces mots, petite étourdie, à ces petites gens que nous avons vus jufques ici, & fouvenez-vous que *Monfieur* eft Sergent de Compagnie aux Gardes. Pendant cette petite & critique inftruction, qui ne quadroit guére au compliment qu'elle venoit de faire à *Monfieur* fon mari, *Monfieur* mon pere nous quitta, en recommadant à *Madame* fa femme d'aller faire les emplettes qu'il lui avoit recommandées, & de nous tenir prêtes pour le Lundi fuivant, pour prendre poffeffion de notre appartement. Nous étions au Mardi : *Madame* ma mere n'avoit pas trop de tems pour faire fes emplettes, & pour fe faire

habiller. Cependant voyant *Monsieur* sorti,
pour ne revenir que le Lundi suivant, elle
ne se disposa à ces emplettes que pour le lendemain matin.

J'oublie, je pense, à vous informer que dès
ce même jour la boutique & la cuisine furent
vendues, & que *Madame* ma mere se trouva
sans occupation & libre dans ses réflexions.

La premiere qu'elle fit, & qui étoit pour
elle la plus importante, consistoit à sçavoir
comment elle feroit ses emplettes. *Monsieur*
son mari ne lui avoit point laissé d'argent,
& elle ne vouloit pas toucher à son fonds :
cette espece d'avarice a toujours été un fonds
de caractere chez elle le moins inconstant ; elle
pouvoit faire ses emplettes du produit de la
vente de son négoce & de son industrie ; elle
avoit de l'argent, & beaucoup. J'ignorois
même comment elle pouvoit tant en avoir retiré d'un commerce aussi mince : je ne connoissois point les ressources de son industrie ;
j'en fus informée le même jour.

Aussi-tôt décidée sur le parti qu'elle avoit à
prendre, elle m'appella. *Mademoiselle*, me dit-
elle, prenez vos souliers ; j'ai jetté vos sabots au
feu, & allez de ma part prier M. *Jolicœur* de

me venir parler. Ce M. *Jolicœur* étoit un de
nos amis de la Garniſon , qui paſſoit pour
avoir de l'argent , mais qui , apparemment
taché du même défaut d'avarice , que poſſédoit éminemment *Madame* ma mere , n'avoit
jamais eu l'honneur de participer à ſes faveurs ;
elle eſpéroit , à cauſe de la nouvelle dignité
que poſſédoit ſon mari , avoit part à ſa bourſe , en même-tems qu'elle lui feroit part des
bonnes graces qu'elle lui avoit toujours refuſées. M. *Jolicœur* conſervoit ſes fonds pour
parvenir ; & il avoit raiſon. A peine eus-je
abordé M. *Jolicœur* , après une double révérence , que le Corps-de-garde avoit reçue
chapeau bas , que je lui dis l'objet de ma
commiſſion. M. *Jolicœur* fit ſa toilette devant
moi ; pendant laquelle je cherchois des yeux
Monſieur mon parrein ; mais il n'étoit point
de guérite cette ſemaine ; de façon que ne
l'appercevant point , je m'en retournai auprès
de *Madame* ma mere , lui dire que M. *Jolicœur*
étoit ſur mes pas.

 A peine M. *Jolicœur* fût-il aſſis auprès de
ma mere , qu'elle lui parla ainſi.... Mais le
voyant chapeau bas par reſpect , elle le pria
de le remettre , & lui dit , qu'elle avoit tou-

jours sçu le distinguer de ses autres camarades , & qu'elle étoit pénétrée d'estime à son égard. Vous m'avez aimée, frippon, je m'en suis apperçue : vous m'avez cru indifférente à votre égard, il s'en falloit de beaucoup. Des raisons, dont je n'ai pu vous rendre compte, m'ont empêché de suivre les mouvemens de mon cœur. Les choses sont changées ; me voilà débarrassée de tout ce qui me lioit à vos camarades Je veux, entre nous soit dit, laisser agir mon cœur en toute liberté : je vous ai déja donné des preuves de mon sincere attachement, en parlant ce matin de vous à M. d'*Ul* . . . qui me quitte dans l'instant. Je lui ai vanté vos bonnes qualités , votre discrétion, votre bonne conduite ; il vous connoît , & m'a promis , à ma considération , de vous rendre tous les services qui dépendront de lui. *Jolicœur* savouroit avec délices ce préambule si railleur ; puis prenant la parole avec enthousiasme ; ah ! *Madame* , que j'ai de graces à vous rendre ! j'ai toujours pensé que vous me méprisiez , puisque vous aviez soin d'éloigner de vous le plus sincere de vos adorateurs. Il y a long-tems que je suis prévenu à votre égard de la plus vive des paſſions. Mon ſilence a égalé mon reſpect, mais ma paſſion n'en a jamais été ni moins vive, ni moins ardente; & ſur le champ ſautant au cou de ma très-digne mere, il commençoit déja à s'émanciper. Alte-là, lui dit ma mere; comme vous y allez, M. *Jolicœur*! le tems de mes amours eſt paſſé, & ſi jamais je vous accordois des faveurs que je vous ai toujours refuſées, ce ſeroit en conſidération des ſervices que M. *d'Ul. . . .* vous rendroit; leſquels vous rendant mon égal, me donneroient lieu de vous ſacrifier mes complaiſances. Ah! *Madame*, repliqua le paſſionné *Jolicœur*, que je ſerois heureux, ſi je pouvois eſpérer ce privilége! Il me ſeroit un ſûr garant de mon élévation; & je donnerois bien vingt-cinq louis, qui eſt le ſeul bien que je poſſéde, & que j'ai toujours mis en réſerve pour mériter vos bontés; puis ſe reprenant avec une ſorte de réflexion, à travers laquelle il conſidéroit ſa future élévation dans les bras de *Madame*, ma mere, il lui dit: mais, *Madame*, puis-je mieux employer cette ſomme qu'en vous la dépoſant? Vous avez beſoin d'argent, & ſûrement le changement qui va arriver chez vous exige des dépenſes. Je la conſervois cette ſomme, pour le

premier qui me tireroit de la foldatéfque , &
m'éleveroit aux grades : je fçais de quel poids
eft la confidération de M. d'*Ul*..... & celui
des repréfentations que vous lui ferez en ma
faveur. Ainfi , *Madame*, acceptez , je vous
prie , cette fomme ; c'eft le plus grand plaifir
que vous me puiffiez faire.

Madame ma mere écoutoit avidement ces
difcours, & croyant avoir réuffi dans fon projet, elle ne penfoit plus qu'à l'enflammer davantage. Ne parlons point d'argent, mon cher
Jolicœur, lui dit-elle. Fi ! cela me fait mal
au cœur : quelle baffeffe feroit-ce à une femme de mon état actuel de vendre fes fervices
à l'homme le plus aimable , pour lequel je
voudrois facrifier tout ce qui me feroit le plus
cher ! Non , mon cher ami , conſervez votre
argent ; je ne vous en aurai pas moins d'obligation, & même je ne vous en aimerai pas
moins, ajouta-t-elle , en lui paffant la main
fous le menton : cependant je fçais que M.
d'*Ul*.... a befoin d'argent ; qu'il a trop de
vanité pour en demander ; que d'ailleurs il
n'aime pas à emprunter....... Qu'à cela ne
tienne , interrompit *Jolicœur* : ce n'eft pas à
lui que je donne cet argent , c'eft à vous ;

c'est à ma protectrice : ce n'est point un emprunt : je ferois fâché que vous me le rendiez; je vous le donne en pur don. Eh ! peut-on avec si peu témoigner fa reconnoiffance, pour tant de bontés dont vous m'honorez ? La converfation amoureufe en refta là. Ma mere qui brûloit de tenir une fi forte fomme, ne tendoit qu'à le rendre plus aveugle , en le rendant plus amoureux. Pour mieux réuffir , & avec l'apparence d'une fincérité plus défintéreffée , elle lui dit : Il faut, mon chèr *Jolicœur*, que je forte pour aller finir les emplettes que M. d'*Ul*.... m'a recommandées ; je vous attends ce foir à fouper. Ce fut ainfi que cet imbécille & mon induftrieufe mere fe féparerent.

Nous fortimes, en effet, ma mere & moi, dans le cours de la journée , & nous fimes quelques emplettes. A huit ou neuf ans que je pouvois avoir pour-lors, je réfléchiffois avec certaine maturité , & je comprenois aifément de la converfation à laquelle j'étois préfente , que le fonds le plus confidérable de l'induftrie de ma mere étoit appuyé fur le partage de fon cœur, & la vente de fes faveurs. Quant à moi, j'étois fort aife de notre changement : nous ferons meublés fans qu'il nous en coûte , me difois-je en moi - même ; moi-même je ferai fuperbe par la feule induftrie de ma mere : ceci m'annonce d'heureux commencemens.

L'heure du rendez-vous arrive ? *Jolicœur* ne fe fait point attendre ; il s'étoit mis à fa toilette, les mouftaches bien relevées , une chemife blanche , des bas fans défaut *de continuité ;* en un mot , en *Mars* qui vient faire fa Cour à fa chere *Vénus.* Ma mere de fon côté s'étoit parée des habits des Dimanches , & dans un état à donner dans l'œil de fon nouveau Profélite.

Jolicœur arrive , falue refpectueufement ma mere , me fait auffi une profonde révérence. Il embraffe ma mere , qui lui faute au cou ; revient à moi , me cajolle ; toutes les phyfio-nomies font riantes : ma mere reprend fa premiere gaieté , & le même ton de fes conver-fations amoureufes. J'entends ce langage , & je fuis au fait. C'eft en votre confidération , dit ma mere à *Jolicœur* , que je reprends avec vous mes façons ordinaires : c'eft un tête à tête , mais n'en augurez rien de contraire à cette vertu, dont je me fuis impofé la loi depuis les change-mens de mon état ; c'eft pour vous rendre plus libre vous-même , & vous donner lieu de m'exprimer, sans façon, toute l'amitié dont vous m'avez ce matin ménagé l'expression.

Madame ! lui dit *Jolicœur*..... Ah ! si *Madame !* .... dit ma mere : *Madame !* .... ne sied que dans le Public ; je suis votre amie, & je veux vous en donner des preuves. A ce mot, mon Galant ne put y tenir ; il fouille dans sa poche, & remet entre les mains de ma mere les vingt-cinq louis qui étoient tous les fonds de ses réserves : acceptez-les, ma chere *Margot*, puisque vous souhaitez que je me serve d'un nom si flatteur à mon amour ; cette somme est à vous. J'ai fait, à ce sujet, toutes mes réflexions ; mais, enfin, vous avez besoin, & je ne peux trouver d'occasion qui me flatte davantage, puisque je trouve en vous, & un cœur prévenu en ma faveur, & une protectrice décidée. Ma mere fit des façons, devint sérieuse, reprit le haut ton, pour suspendre ses remerciemens : mais elle accepta, sous le beau prétexte d'instances trop réitérées de son tendre *Jolicœur*. Elle ne garda pas ce trésor sur elle, elle l'alla enfermer avec ses autres especes, & revint joindre son Amant prodigue : ce ne fut plus pour-lors que protestations d'amour de la part de *Jolicœur*. Ma mere se décide, se mit à son aise, donna des preuves

d'attachement à *Jolicœur*, en attendant la réfolution que décideroit l'Amour ; enfin, je vis
renaître dans ce moment les plaifirs qui nous
avoient échappés depuis quelques jours.

On fe met à table, on y mange, on y boit,
on fe divertit, on folâtre ; on fe met en état
de liberté, on en profite. Je fuis préfente ; je
ris de ces folies : j'y prends part par ma naïveté ;
que dis-je ? j'en augmente la durée ; j'en perpé-
tue les mouvemens. Ma mere m'embraffe ; on
parle de mes progrès futurs ; que dis-je ? on
m'explique ce que j'ignorois : ma mémoire m'eft
fidelle, & dès ce moment je fentis que mon
parrein me manquoit.

Enfin, l'heure de fe coucher arrive : nos deux
Amans fe mettent au lit ; je me jette dans le mien ;
j'ai l'oreille alerte ; j'entends tout, & mon cœur
fuit tous leurs mouvemens ; mais, Nature,
Nature ! tu me jettes dans les bras du fommeil :
bientôt ils s'endorment eux-mêmes ; le cœur
n'eft pas toujours d'accord avec les fens.

Le lendemain *Jolicœur* étoit deja forti, quand
je m'éveillai ; je me leve, & demande à ma
ma mere où il étoit. Il eft forti, me dit-elle,
& eft allé *à l'ordre* : je vais me lever, habille-
toi, *Mademoifelle*, afin que nous fortions pour

aller acheter ce que mon mari m'a ordonné. Comme j'étois intéressée à toute cette emplette, je fus bientôt prête ; & comme cette acquisition devoit se faire sur les fonds de notre Amoureux, ma mere fit des emplettes en plus grand nombre qu'on ne lui en avoit demandé ; voyez que tout sert en ménage.

Nous nous dépêchames de nous faire faire une robe à chacune, parce que ma mere étoit impatiente de quitter la proximité de ses premiers Amans, & sur-tout *Jolicœur* qu'elle avoit déja oublié. Elle prit sur le champ deux Couturieres, à l'aide desquelles elle put le lendemain au soir aller visiter notre nouvelle demeure : c'étoit le Jeudi qu'elle avoit fixé pour le jour de sa visite ; mais la mienne n'étoit point faite, elle avoit renvoyé les Couturieres ; j'étois donc seule dans notre chambre, empressée à finir mon premier ajustement.

Je travaillois avec l'attention la plus sérieuse & la moins distraite, quand je vis entrer l'*Amour* : c'étoit le surnom que j'avois donné à à mon jeune Soldat, qui venoit me voir, & me dire adieu. Un frissonnement universel me surprit à sa vue : je l'aimois, vous l'ai-je déja dit ? Il s'apperçut du petit égarement de mes

ſens ; qu'avez-vous, ma belle *Junon*, me dit-
il ? vous ſemblez me voir avec peine ; vous
aurois-je offenſé, ou me mépriſeriez-vous déja ?
Non, mon ami, lui dis-je, ni l'un, ni l'autre :
mais je ne ſçais ce qui m'a cauſé un petit trem-
blement, qui m'a ſurpris en vous appercevant.
L'*Amour*, ſans faire réflexion ſur ce que je di-
ſois, ſauta à mon cou, m'embraſſa, mais m'embraſſa avec une telle vivacité, & une ſi forte
tendreſſe, que je me ſentis émue juſqu'à me
trouver mal. Mon Amant s'apperçut de ce con-
tre-temps, ſans en être troublé. Je n'eus cependant beſoin ni d'eau forte, ni de ſel d'Angle-
terre, pour me remettre ; la Nature remédie
elle-même aux maux dont elle eſt la cauſe. Mon
Amant me prit entre ſes bras, & me jettant ſur
mon lit, tenta de me faire revenir à force de
careſſes : mais ne pouvant y réuſſir, il ſe trou-
bla ; ſes pleurs inonderent mon viſage : il me
remuoit de toutes les façons, ce qui m'incom-
modoit extrêmement. Je revins cependant à
moi ; j'ouvris les yeux ; je le vis à mes genoux,
tenant ma main collée ſur ſa bouche, & ſes
regards fixés vers le Ciel, il lui adreſſoit des
vœux en ma faveur.

A peine pus-je faire uſage de mes ſens,

que je retirai ma main avec précipitation , &
l'apoſtrophai , en lui diſant , que faites - vous
donc , mon parrein ? J'étois ſi joyeuſe en l'état
d'où vous me tirez , que vous me faites un
grand tort ; puis je me mis à rire comme une
folle.　Celui-ci interdi ne ſçavoit que penſer ;
qu'avez-vous donc , me dit-il d'un ton de voix
animé ? vous étiez expirante entre mes bras ,
je n'attendois plus du ſecours que du Ciel , &
vous m'injuriez ?

Je ſentis pour-lors que je m'étois trouvée
mal ; je repris mon bon ſens :　je le remerciai de ſes ſoins , & lui dis : Je me croyois
dans cet inſtant dans un lieu enchanté , ou
tout au moins , ainſi que je l'ai lu depuis , dans
ce voluptueux Paradis d'*Eden* , où nous autres
Femmes , transformées en Souris , nous jouiſ-
ſions en paix de la volupté des Dieux. Cet
inſtant fut trop court à ma ſatisfaction ; mais
tréve aux réflexions : enfin , revenue entierement à moi , je voulus me relever pour me
mettre à mon ouvrage ; l'*Amour* ne le voulut
pas , de peur que je ne retombaſſe dans l'état
d'où il venoit de me tirer , état qui l'avoit
fort effrayé.　Je reſtai donc ſur mon lit à
cauſer avec lui , tant qu'il reſta à côté de

moi, occupé à me careſſer & à revenir de
ſon effroi.

Je ne vous découvrirai point toutes les inſtructions dont il me donna les prémices : j'étois
curieuſe ; c'eſt le premier avant-coureur de l'A-
mour dans le cœur d'une jeune fille , qui n'eſt
propre qu'à s'amuſer à des jeux d'enfant. Je
goûtai à merveille toutes les leçons de mon
Mentor : je les ai trouvé heureuſement retra-
cées dans un ſtyle plus délicat , mais moins intelligible dans le Mentor de Genève : tous les
reſſorts de ma curioſité s'éleverent , & je connus dès ce moment le Temple de l'Amour , &
les propriétés du ſacrifice. Le tems de mes ſages
inſtructions finit à mon grand regret ; c'eſt la
vérité : mais , enfin , il falloit céder quelque
choſé à ma vanité , & reprendre la ſuite de mes
ouvrages. L'*Amour* me leva , & me remit à
ma table , où , après avoir cauſé un inſtant , &
s'être remis de part & d'autre , il retourna à ſon
camp volant , bien content du ſecours qu'il
m'avoit donné. Vous voulez donc bien , me
dit-il avant de me quitter , charmante *Junon*,
que je profite du peu de tems que vous ſerez
ici pour vous venir voir ? Je le voudrois de tout
mon cœur , repris-je ſur le champ ; mais ma

mere ne fortira pas toujours. Prenez garde qu'elle ne me voye feule avec vous ; car elle m'a défendu de vous voir depuis que mon pere eft Sergent de Compagnie. Je m'en doutois bien, me répliqua l'*Amour*, que vous auriez cette défenfe : mais vous fçavez que vous m'avez promis dernierement, que quand vous feriez grande vous me procureriez les momens de vous voir. Me tiendrez - vous la parole que vous m'avez donnée de ne me pas oublier ? Non, non, lui dis-je, je ne vous oublierai point ; mais, où ferez-vous, afin que je puiffe vous faire dire quand je ferai feule, en cas que ma mere forte fans me mener avec elle ; Vous venez de me dire que j'étois déja grande ; pas affez, à la vérité, pour m'aimer encore plus : mais, enfin, je grandirai davantage ; profitons du temps où je fuis, & aimez-moi bien. L'*Amour* me dit qu'il ne quitteroit point fes camarades ? qu'il fe tiendroit à la porte ; que dès que ma mere fortiroit feule, je n'aurois qu'à mettre quelque chofe fur la fenêtre, & que des qu'il l'appercevroit, il accoureroit dans mes bras. Je lui fçais un gré infini de ces précautions ; elles ne furent pas inutiles.

Une

Une heure après le départ de mon Amant, ou plutôt de mon tendre Mentor, de mon Philosophe naturel (car il n'avoit auprès de moi jusques ici que ce titre), arrive ma mere : changeons de langage, & disons *Madame d'Ul...........* Je tremblai à son abord qui se montoit sur la gravité, qu'elle ne vînt examiner le peu d'avancement de mon ouvrage ; mais qu'elle étoit éloignée d'y penser ! Elle m'aborda avec une joie inconcevable qui se faisoit jour à travers de ce sérieux à ressorts ; & me dit : Ah ! ma chere fille ! ma chere *Junon !* que tu seras enchantée ! Mais, que dis-je ? se reprenant, *Mademoiselle,* car je me trompe toujours, que nous serons superbement meublées ! Nos chambres sont pleines de miroirs ! on se voit de tous côtés ! M. d'Ul...... a fait tous ses efforts pour nous surprendre agréablement, il n'a que trop bieu réussi ; j'en suis dans une joie inexprimable. Je m'en appercevois bien ; elle n'avoit que faire de ces exclamations pour me le persuader. A ses yeux roulans, à son sein flottant, à ses gestes ridicules, je voyois toute la gaité que procure la vanité. Allons, *Mademoiselle,* dépêchez-vous ; j'ai donné ordre pour y être reçue Samedi au soir. Ensuite jettant des yeux de colere sur sa

D

chambre ; fi ! quel appartement ai-je là ! Je ne
fçais comment je pourrai me réfoudre à coucher dans ce lit , à refter dans cette chambre ,
où mes yeux ne voyent que des haillons & des
fouillonages ! Ah ! ma chere fille ! fi tu avois vu
nos chambres , tu n'aurois jamais voulu en fortir. Ce récit me fit ouvrir de grands yeux , &
pour le moins auffi vains que ceux de M.
d'*Ul*..... Je déteftois notre demeure , & j'oubliois l'*Amour*. Allons , *Madame* , lui dis-je ,
je vais m'efforcer de finir ma robe , & demain
matin je pourrai la mettre. Tant mieux ! *Mademoifelle* , tant mieux !

Voici , dit ma mere , l'ordre de mes arrangemens. Nous avons Jeudi & Vendredi
pour déménager. Notre déménagement ne
fera pas long ; car demain matin je vais
vendre ces bois de lit , ces bahus , & nous
n'aurons plus à tranfporter que les lits , notre baterie de cuifine , nos hardes , que dis-
je ; nos habits , & tout ce qui nous eft utile ;
ce que je ferai le lendemain. Je compte ,
quand cela fera prêt , faire un tour à notre nouvelle maifon ; car je ne fçais pas fi
je pourrai être un jour fans m'empêcher de
la voir.

Ce n'eſt pas tout , continua encore Madame
d'*Ul* . . . . . . avec la même rapidité. M. d'*Ul* . . . .
ne nous a pas trompé , en m'annonçant les
compagnies que nous aurions à voir. Tiens,
ma chere fille ! (voici du naturel , car ſon air
de grandeur ſe démentoit ſouvent) , écoute !
nous ſommes logés dans la maiſon d'un Procureur à la Ville ; ce ſont ces gens-là qui ſont
bons à voir , au lieu de ces *Eſtaſiés* , que nous
avons connus juſques ici. J'ai ſonné à la porte
de ſon antichambre. Un Laquais m'a demandé fort poliment ce que je demandois , &
quel étoit mon nom , pour m'annoncer à ſon
Maître ? J'ai pris mon air de fierté , & j'ai
dit que je m'appellois *Madame* d'*Ul* . . . . . .
A ce nom , on ouvre deux grands battans ;
je vois M. le Procureur ayant un bonnet de
velours en tête , une robe de chambre de damas ſur ſon corps , qui m'aborde avec un air
charmant. Soyez la bienvenue , me dit-il ,
Madame ; c'eſt vous qui occuperez l'appartement que M. d'*Ul* . . . . . . meuble : c'eſt moi
qui ſuis le propriétaire de cette maiſon ;
je ſuis charmé d'avoir trouvé d'auſſi bons
locataires , qui me procureront une compagnie
aimable & précieuſe , avec leſquels , ma fem-

me & moi , nous pouvons nous lier d'amuſe-
mens. Ma cuiſine & mes Clercs ſont au rez
de chauſſée. J'occupe le premier : c'eſt un
Marchand de grains qui occupe le ſecond ;
mais entre nous , cette companie ne vous va
point , ni à moi non plus ; ce ſont des
gens riches & avares au dernier point ,
nous ne les voyons que rarement. Ainſi ,
Madame , ſur le compte que je vous rends ,
vous verrez à vous déterminer ; & de ſuite me
prenant la main , il m'a conduit dans notre
appartement , où étoient encore les Ouvriers.
Après avoir donné mes ordres , je me ſuis mis
à cauſer avec mon Procureur*, grand babillard
par état & par inclination. Dans le diſcours
qu'il m'a tenu , il m'a appris que ſa femme étoit
fort âgée , qu'il l'avoit priſe à cauſe de la fortune qu'elle lui avoit apportée ; qu'elle étoit
Veuve de ſon prédéceſſeur , dont lui - même
avoit été le Clerc ; qu'elle étoit d'une avarice
ſordide , & que lui-même étoit obligé de lui
rendre compte pour avoir la paix ; qu'il étoit
bien las d'une pareille gêne , & qu'il étoit
charmé de m'avoir pour diſſiper ſes ennuis. Si
tu avoit vu , ma chere *Junon* , comme il équar-
quilloit ſes petits yeux , comme il faiſoit aller

ſes mains, on l'eût pris pour un homme fou de moi. Je ne faiſois pas ſemblant de m'appercevoir de ſes œillades : je le laiſſois dire ; je feignois d'examiner mon appartement, pour voir où aboutiroit tout ce pompeux galimathias d'un Robin ſubalterne qui vouloit faire l'amour. Enfin, que te dirai-je ? ſa harangue finit, & me tendant la main, nous deſcendîmes juſqu'à ſon appartement, où il m'a fallu entrer & cauſer de nouveau avec lui : il a ranimé ſa premiere converſation, à laquelle je me ſuis laiſſée aller pour le ſonder de mon mieux. Vous voyez mon état, *Madame*, me dit-il ! & combien je dois ſoupirer après une aimable Dame que je vois ici pour la premiere foi logée dans ma maiſon ; car ſi vous ſçaviez, ma chere *Madame*, combien les femmes de dehors nous vendent cherement leurs faveurs, c'eſt pitié ! Je ne peut ſouffrir coucher avec ma femme ; elle n'aime que ſon argent : je n'ai donc d'autres reſſources que de viſiter les belles de Paris : dans mon quartier il n'y en a aucune ; il faut que j'aille à l'Opera, & là, ma chere *Madame*, ſans y compter les riſques que l'on y court, il faut encore y joindre de groſſes ſommes d'argent, au lieu que si dans ma maison j'avois un amusement de cœur, il me feroit plaisir, & j'en serois quitte à bon compte. Mon Procureur se tait enfin, & je reprends la parole : *Monsieur*, lui ai-je dit, votre état me fais peine ; vous êtes jeune, fort & vigoureux ; vous êtes aimable : je suis surprise comment vous n'ayez pas encore rencontré un amour de cœur. *Madame*, interrompit-il avec une vivacité surprenante, cette victoire vous étoit réservée ; peut-être suis-je téméraire, mais vous m'avez inspiré tant de confiance, que je ne peux me refuser à vous rendre ma Confidente. Je vous remercie, *Monsieur*, l'ai-je interrompu pour parler à mon tour, de votre confidence ; mais vous êtes-vous apperçu que vous nous traitez trop mal, nous autres femmes, pour vous donner lieu que j'approuve votre amour de cœur ? vous nous faites passer pour des intéressées : nous le sommes, à la vérité, mais c'est du cœur d'un galant homme ; il est bien vrai que nous avons mille besoins, que nos maris, & sur-tout des Militaires, ne peuvent nous accorder. Ainsi donc, si jamais j'étois d'humeur à vous servir au besoin, croyez-vous que je serois assez vaine pour ne point exiger de vous un retour, dont le prix feroit toujours inférieur à l'amour que je vous porterois ? Notre intérêt eft donc un intérêt jufte , un intérêt qui eft même dicté par l'amour. Ainfi, *Monfieur* , fi jamais vous jettiez les yeux fur moi , & que je voulus bien , par l'attrait infurmontable du cœur des femmes , condefcendre à vous aimer , préparez-vous à me rendre de votre côté tous les fervices qui dépendroient de vous , fans gêner votre maifon , & fans donner lieu aux plaintes de Madame votre époufe : mais à propos, *Monfieur* , il feroit convenable que j'euffe l'honneur de la prévenir . . . . . . Elle eft fortie , m'a dit ce galant Procureur , elle eft allé faire quelques emplettes. En ce cas , *Monfieur* , je vous prie de vous charger de lui faire bien mes complimens ; je compte avoir l'honneur de vous voir demain au foir ; je vais même parler à M. *d'Ul* . . . . . . pour qu'il trouve bon que je me rende ici tout-à-fait Samedi. En difant ces mots, j'ai pris congé de M. *Ruinard,* tel eft le nom de notre propriétaire , & m'en fuis venue vîte répandre auprès de toi ma joie & ma fatisfaction.

De tout ce verbiage de ma mere , je ne fis attention qu'à deux chofes. La premiere répon-

D iiij

doit à ma vanité, qui étoit satisfaite de notre
nouvelle décoration : celle-ci me flattoit sans
difficulté. La seconde, étoit l'esprit d'avarice
de ma mere, qui formoit des prétentions d'intérêt sur le gage d'un cœur mille fois rendu
& mille fois à rendre. Cette réflexion me fit
dans ce tems une peine aussi grande que celle
que j'ai ressentie, quand ma carriere fut
ouverte. Le lendemain, j'avois une très-grande
envie d'accompagner ma mere, mais j'en avois
une plus grande d'achever ma robe, & tout
ce qui étoit du ressort de mon petit arrangement. Ma mere sortit, fit venir des Fripiers,
& l'argent qu'elle reçut de tout ce qu'elle vendit, ne montant pas plus haut qu'à une pis-
tole, elle m'en fit la générosité, pour, de mon
côté, acheter tout ce dont j'aurois besoin pour
me mettre en fille digne d'une telle mere. Je
commençai pour-lors à ne plus trouver si ridicule la manœuvre intéressée de ma mere.
L'espérance d'en profiter m'en enleva le disgra-
cieux : son amitié pour elle accrut d'une bonne moitié en sus ; mais j'oubliois déja mon
Amant. Entre les bras de la Vanité, l'Amour
a peu de ressources. Ma mere s'occupoit à
faire ses ballots, à tirer son linge & ses hardes

d'une armoire, dont j'ai oublié plus haut de parer notre chambre. Enfin, en moins de quatre heures, tout fut prêt à partir : ma robe étoit faite ; ma mere me l'essaya, la trouva bien faite, & moi, à l'aide d'un petit miroit cassé, je me trouvai aimable.

Ce fut pour-lors que je vis bien qu'il falloit à cette robe un accoutrement plus flatteur ; il me falloit un bonnet à la mode, des bas de soie, & des souliers brodés ; ce que j'avois même en réserve les Dimanches & les Fêtes, étoit tout-à-fait ignoble. Je crus, avec mon argent, que je serois en état de satisfaire à tout ; par-malheur pour moi, je n'avois pas consulté ma mere avant son départ ; ce fut alors que je me ressouvins de mon Parrein. J'allai prendre un vieux bas de la garnison que je mis sur la fenêtre. Au signal, l'*Amour* monta., & entra dans ma chambre. Ah ! mon cher *Amour*, lui dis-je, après qu'il m'eut embrassée, c'est à cette heure où j'ai besoin de vous : regardez ma robe ; elle est *divine*. Tenez je vous prie, essayez-la-moi encore une fois. L'*Amour* se chargea avec plaisir de cette toilette ; il me deshabille, ne me laissant que ma chemise, dont il parut fort

scandalisé ; car elle étoit de plusieurs piéces ,
encore se trouvoit-elle déchirée en plusieurs
endroits. Fi ! me dit - il , ma chere *Junon* ;
qu'est-ce que cette chemise ? Il en faut une
autre que celle-là ; il faut y ajouter des tours
de mousseline brodée : il vous faut des bas
de soie , des souliers , ou plutôt des mules
brodées ; il vous faut un autre coëffure. Ma
vanité un peu démontée , au réflexions de
l'*Amour* , me précipitant la parole , il n'est
pas question de cela , lui dis-je , mettez-moi
mon juppon & ma robe. Quand l'un & l'autre furent collés sur moi , il m'embrassa avec
transport , & oubliant ma chemise & ma pauvre nudité , il s'écria que j'étois charmante.

Ma petite figure se radoucit , & le priant
de m'ôter cet attirail , je voulus moi - même
reprendre mes haillons ; il ne le voulut point
permettre , en me disant que ces hardes , qui
m'appartenoient , lui étoient plus précieuses
que la parure de la plus grande coquette. Par
ce retour , il calma ma vanité choquée. A présent , lui dis-je , asséyons-nous : dites - moi
combien tout ce que vous venez de me dire
de conforme à mon nouvel ajustement me
coûtera ? J'ai de l'argent ; ma mere m'a donné

ce que vous voyez, en lui tirant mes finances de ma poche, qu'elle venoit de me donner : faites-moi le plaisir de m'aller acheter tout ce que vous me croyez convenir ; n'épargnez rien. L'*Amour* rit de mon ingénuité : il voyoit que je m'imaginois que cette somme pouvoit acheter l'Univers entier ; mais répondant à ma naïveté , il me dit : Soyez tranquille, mon petit cœur ; votre mere ne reviendra pas si-tôt : je vais de ce pas vous acheter tout ce qu'il vous faut , & à mon retour nous compterons ensemble. Allez donc vîte , lui dis-je , & songez à m'acheter tout ce qu'il y a de plus beau. L'*Amour* sortit , & revint une heure après ; que cette heure étoit longue pour ma petite vanité ! L'*Amour* revient enfin ; je suis au comble de ma joie : il m'apporte pour coëffure un *cabriolet* charmant , un petit fichu de gaze , un petit collier de cailloux de Médoc, un petit mantelet de gaze , une paire de bas de soie , une petite paire de mules des plus jolies du monde , qui par hasard m'allerent à merveille , & une chemise fine avec ses ajustemens ; il n'oublia pas même une paire de mitaines de soie à jour , avec les brasselets à boucles de diamans pour les retenir au bras : j'étois transportée de joie , à mesure qu'il me déployoit ses emplettes. Je sautai à son cou , & je me pâmois de plaisir. Ce fut pourlors que brusquant le tems du retour de ma mere , je le priai de m'essayer toute cette toilette : il ne se le fit pas répéter deux fois : de sorte que , sans penser à autre chose qu'au plaisir de me voir parée , j'étois déja dans une parfaite nudité , que l'*Amour* ne cherchoit point à couvrir , lorsque m'appercevant enfin de mon état , je rougis ; je le regardai , & ma belle chemise fut passée. Alors d'ajustemens en ajustemens , me voilà parée : vous pensez bien que je n'oubliai rien. Je n'avois pas besoin des assurances qu'il me donnoit de mes charmes ; je les vis , je les apperçus pour la premiere fois dans tout leur lustre. Enfin tournée & retournée de toutes les façons , il fallut me deshabiller & rentrer encore une fois dans mon néant ; ce fut alors que je détestai mon misérable état , & que l'entretien de mon pere & l'esprit d'intérêt de ma mere me firent plaisir.

Quand nous eûmes fini ce divertissement , je lui donnai ma bourse. Tenez , prenez tout , dis-je à l'*Amour* ; je vous suis trop redevable

pour reſſerrer quelque choſe. Je m'imaginois
que tout ce qu'il m'avoit appotté étoit bien cher;
& d'un autre côté, je croyois ſatisfaire à tout,
même au-delà, avec ma piſtolà : mais, mon
cher *Amour* me refuſa, en me diſant qu'il étoit
trop charmé d'avoir trouvé cette petite occaſion
de me prouver ſa tendreſſe ; qu'en qualité de
parrein, il me devoit ma premiere robe, & en
qualité de mon tendre Amant il me devoit tous
ſes ſoins. Je fus pour-lors pénétrée de reconnoiſ-
ſance : cependant ſi j'étois inquiette de recevoir
des préſens des mains de l'*Amour*, d'un autre
côté, j'étois flattée de conſerver mon argent.
Bref, je finis la conteſtation de mon cœur : je
paſſai pardeſſus les formalités ; j'acceptai le préſent, & je remis ma bourſe dans ma poche. Je fis
peu après une réflexion fort intéreſſante & qui me
jetta dans l'embarras, juſqu'aux expédiant que
me donna mon parrein. Ma mere, lui dis-je,
s'appercevra de toute cette beauté, & me voyant
encore mon argent, elle ſe doutera bien que c'eſt
un préſent, que lui répondrai-je cher *Amour* ? Tout
ſimplement, me dit-il; vous lui direz que je ſuis
venu pour l'aſſurer de mes reſpects ; & que comme parrein, je vous ai engagé à recevoir ce
petit préſent ; que d'ailleurs je ſuis aſſez riche

pous en faire de pareils, ayant une tante qui m'aime malgré la haine de mes pere & mere, haine qui m'a jetté dans les Gardes par défefpoir ; de forte que ceci ne me fait aucune peine, ni aucun dérangement ; que cela fût vrai ou faux, je ne m'en inquiétai point : ma trauquillité furvenue, la vanité reprit fes droits.

Cependant il fallut nous féparer ; il étoit près de huit heures du foir ; ma mere pouvoit arriver à tout inftant. L'*Amour* me quitte, mais non fans des auffurances d'un amour inviolable de fa part & d'une reconnoiffance éternelle de la mienne. Ma mere arrive enfin, encore plus fatisfaite de ce voyage que du premier. Son mari, à qui elle avoit écrit fes difpofitions, s'étoit trouvé à l'appartement à fon arrivée. Elle monta donc de fuite à fa nouvelle demeure, & y trouva M. d'*Ul*....... ainfi que M. & Madame *Ruinard*. Cette rencontre fut le pemier début qu'elle m'annonça dès fon entrée. Elle ne s'en tint pas là ; elle me raconta mot à mot tout ce qui s'y étoit paffé. Pour abréger, voici fuccinctement le réfumé du difcours qu'elle me tint. M. d'*Ul*....... a été charmé de voir ma fatisfaction & mon empreffement à venir réfider dans fon nouvel appartement ; que M. *Ruinard* l'a-

voit abordée avec un air de respect , & sa femme avec un accueil charmant ; qu'elle ne l'avoit
point trouvée si décrépite qu'il la lui avoit repré-
sentée ; qu'elle étoit fort enjouée , & qu'elle
espéroit vivre avec elle malgré ses défauts. Cette
femme m'a fait mille excuses de ne pouvoir rester plus long-temps avec nous , parce qu'une de
ses voisines venoit de l'envoyer chercher pour
jouer un *Médiateur*. Le jeu , ainsi que je l'ai
éprouvé depuis , étoit sa passion favorite ; je lui
ai souhaité du bonheur , & lui ai fait mes protestations d'une union indissoluble.

Après le départ de l'antique Procureuse , ma
mere m'ajouta que son mari , après avoir fait
avec elle leurs arrangemens, consentoit à ce que
nous vinssions le lendemain nous y établir , &
ensuite qu'il avoit pris congé d'elle & du Procureur. M. *Ruinard* , me dit-elle , est fou de ma
figure , il m'aime à la fureur : dès l'instant qu'il
s'est trouvé débarrassé de sa femme , & qu'il a
vu mon mari parti , il s'est jetté à mon cou ,
en me disant qu'il étoit enchanté des façons de
sa femme , à mon égard ; qu'il ne l'avoit jamais
vus si gaie , ni si satisfaite d'aucun Locataire ,
comme de nous ; qu'elle aimoit les Militaires ,
que c'étoit sa fureur , & qu'elle ne sçait point

comment le Ciel l'a attachée à ces *vilains* Procureurs, qui font les plus mauffades maris qui
puiffent fe trouver. Enfin Madame d'*Ul*......
m'a-t-il dit en m'embraffant de joie, faifons un
troc ; ma femme aimera M. d'*Ul*....... ils font
fort bien enfemble, & je vous aimerai avec la
plus vive paffion. M. le Proucureur, lui ai-je
répondu, vous fçavez nos conditions ; mais
avant que de les mettre en pratique, laiffez-moi
donc le tems de vous aimer. Comme tous nos
appartemens font meublés, & que je pouvois
en faire les honneurs, me trouvant laffe d'être
toujours fur mes pieds, je l'ai prié de s'affeoir
fur un fopha, qui eft dans le Cabinet de M.
d'*Ul*....... qui te fert de chambre, qui me fert de
toilette & de garde-robe. C'eft le plus jolis endroit de la Nature. Tu le verras, ma fille ; tu
en feras enchantée ! M. le Procureur s'eft affis
à mes côtés, & preffée par fes inftances & par
l'ardeur de fes feux, de me déclarer en fa faveur, j'en fuis reftée avec lui à l'efpoir de l'aimer : puis changeant de difcours, je lui ai dit
mon état, qui n'étoit pas opulent ; que d'ailleurs tout ceci avoit beaucoup coûté à mon
mari ; que je n'avois ni commerce ni induftrie ; que l'un & l'autre étoient indécens à une
femme

femme de Militaire ; qu'il étoit honteux à une femme de cœur d'être obligée de se passer de domestique, jusqu'à ce que mon mari eût réparé ces dépenses ; que j'étois la cause de ce qu'il avoit mis de nouveaux meubles : ceux que nous quittions étant très-anciens & très-vieux , mais qu'étant de la succession de nos peres & meres, nous nous en étions jusques ici accommodés ; que d'ailleurs j'avois une fille qui avoit bientôt dit ans , à laquelle il falloit commencer à penser. Ajoutez à cela un loyer plus considérable, des ajustemens nécessaires ici & inutiles dans la retraite que nous occupions. Voyez , *Monsieur ,* lui ai-je dit le cœur serré & la douleur sur les levres , si dans une telle anxiété je puis penser aux folies de l'amour , à mon âge encore : elle n'avoit cependant pas plus de trente ans, fraîche & dans l'embonpoint.

A ce discours , j'ai vu mon Procureur pâlir , rêver ; il vouloit parler , il balbutioit. A ces traits , je m'apperçus que c'étoit lui-même qui étoit un avare , & non sa femme qui étoit une joueuse , & à laquelle , suivant la maxime des gens de son état , il refusoit ce qui lui étoit même du nécessaire. Cette remarque de ma mere ne lui fut pas inutile. Je vois , lui ai-je dit , en

l'envisageant avec un sourire malin , que mon
état médiocre vous fait peine & fait taire l'A-
mour. Vous avez raison , *Monsieur* ; la nécef-
sité de soutenir une maison comme la nôtre ,
refroidiroit le plus amoureux. En difant cela ,
j'ai feint de me retirer , en lui ajoutant : *Mon-*
fieur , il se fait tard ; ma demeure est éloignée ;
peut-être vos affaires vous demandent-elles dans
votre cabinet. Je ne veux point être la caufe
que votre politeffe faffe fouffrir vos intérêts. De
grace , *Madame* , m'a dit mon Procureur , dont
l'amour & l'avarice confondoient les idées ; de
grace , encore un instant ; oui , je brûle pour
vous de l'amour le plus violent : je ne fçais ce
que je facrifierois pour obtenir votre cœur ; de
grace , donnez-moi l'efpoir de l'obtenir ; je vais
me mettre à vos genoux , & je ne les quitterai
qu'après m'avoir promis que vous vous efforce-
rez de m'aimer. J'ai réfléchi à tout ce que vous
m'avez dit , reprit-il ; il est jufte de vous dé-
dommager de vos dépenfes & de pourvoir à un
état qui vous mette plus à votre aife. Je forme
des projets , & j'efpere que vous me fçaurez gré
de ce que je médite en votre faveur : écoutez ,
votre loyer est de trois cents livres ; le bail
que j'ai paffé avec votre mari est de neuf ans : eh

bien ! *Madame*, je vais vous en signer une dé-
charge. Il me semble, *Madame*, que ce commencement de défintéreffement, de la part
d'un Procureur fur-tout, mérite quelques attentions. Quoi ! lui répartis-je, avec un rire mo-
queur, la femme d'un Militaire, la femme de
M. d'*Ul.......* ne vaut que trois cents livres par
an ! fans amour-propre, je me prife infiniment
au-deffus ; allez, mon cher Procureur, en lui
paffant la main fous le menton, hauffez le
prix, & fongez que fi je fuis d'humeur à vous
favorifer, mon cœur vous reftituera toujours au
double, l'intérêt que vous pourrez lui fixer, à
quelque titre que vous mettiez vos efpeces adieu,
mon cher propriétaire. En vain a-t-il voulu me
retenir ; il y étoit trop tard ; j'ai forti, & me
voilà.

La morale doit fuivre de près de tels dialo-
gues ; auffi ma mere en finiffant, ajouta-t-elle ;
Voilà, *Mademoifelle*, comme il faut s'y prendre
avec les hommes : tu es jolie ! tu fçais plaire !
tu n'as d'autre induftrie pour te foutenir avec
honneur que celle de ta mere ! Quand la carriere te fera ouverte, fuis mes confeils, & je te
ferai la plus grande Dame de Paris.

Je l'avouerai, à mon âge je réfléchiffois ; je

penſois , non aux *Aſtres* , non au *Soleil* , non
aux *Planettes* , non aux *reſeaux dorés de l'Aurore* ,
comme nous le preſcrit notre nouveau Philoſophe , mais aux ſentimens de mon cœur , &
aux ſages mouvemens de la nature. J'eus horreur de ce honteux libertinage de ma mere ,
que les inſtructions de mon parrein m'avoient
développé , & encore plus au honteux trafic des
charmes de Madame d'*Ul*....... Enfin , je gémiſ-
ſois de la baſſeſſe ignominieuſe que j'appercevois dans toute ſa conduite : je voulois bien
aimer ; en vain me ſerois-je oppoſée aux ſecrets
mouvemens de mon cœur , qui m'entraînoient à
aimer , mais je ne voulois devoir l'amour qu'à
l'amour même. Ce ſentiment eſt celui de la nature ; auſſi puis-je dire que je ne me ſuis volon-
tairement attachée qu'au cœur qui me rendoit le
réciproque , & ſans ma malheureuſe mere , je
n'aurois jamais donné dans les cruels écarts
auxquels j'ai été forcée.

Il eſt vrai , & ce que je vais dire eſt le fruit
de mes expériences ; il faut néceſſairement qu'il
en coûte à un homme qui s'attache à une
femme dont les galanteries commencent à
percer. Je dis & j'avance avec confiance ,
que de toutes les femmes auxquelles un galant

homme s'attache , il n'y en a point qui lui coûte moins qu'une femme de notre état , qui joint aux fentimens du cœur , la tendreffe de l'amour. J'avoue que de telles femmes de mon état font rares ; mais j'avoue auffi que la folie des hommes eft la fource de la cupidité de ces fortes de femmes. Une femme fe livre d'abord fans intérêt à l'amour d'un homme ; l'homme honnête lui plaît , & fans le malheur des con-currens qui fe fuccedent les uns aux autres , l'or à la main , l'homme honnête lui auroit fuffi. Je tremble à vous repréfenter la dépen-fe qu'occafionnent ces femmes que nous appel-lons fages , vertueufes même , parce qu'elles n'ont jamais joint l'expérience de l'amour , avec les fentimens dont fouvent & trop fouvent elles font tyrannifées ; elles nous méprifent ces fem-mes , & font les premieres à nous jetter la pierre ; mais , en vérité , n'aurions-nous pas , nous autres , plus de raifon de leur renvoyer ce mépris , nous qui fouvent gémiffons d'un état , dont en fecret elles font elles-mêmes trop flattées ? Pour prouver ce que je dis , re-gardons leur extérieur : même art dans les ajuf-tement , même défir de plaire ; l'œil fixe , & le regard attentif ; ces minauderies affectées ;

ces rendez-vous multipliés , sous le prétexte
d'amusemens ; ces parties de plaisirs, de promenades, de spectacles ; enfin , que vous dirai-
je ? cette cruelle ambition d'être examinées ,
d'être préférées même. Que faisons - nous de
plus ? Quelle disparité dans notre conduite !
Je reviens à ma thèse , qui est de faire voir que
de telles femmes sont capables de ruiner un
homme, qui a le malheur de s'attacher à elles.
Le mari ne supplée point aux dépenses fixées
à une femme ; son fonds annuel est borné à
un jeu médiocre, à des ajustemens d'état &
de condition ; mais qui paye leurs parties de
plaisir ? qui leur donne lieu de jouer gros jeu ?
qui perd à ces parties ? ce n'est sûrement pas
elles. Sous ce prétexte du jeu , j'ai ruiné un
Robin qui n'a eu aucune part à mes faveurs :
ces présens d'étrennes , du jour de la fête ! si
la femme aimée a plusieurs surnoms, chaque
Saint exige un présent ! ces détours adroits
pour se satisfaire sur un collier , sur une robe ,
sur des coëffures à la mode , & qui coûtent
tant dans leurs commencemens ! ces petites
dettes, artistement exagérées ! ce fonds de mélancolie qui afflige un Amant ! ces reproches
adroits ! ces vapeurs qui s'appaisent avec l'or !

enfin, ces fêtes, ces promenades ; tout cela
tombe fur le corps d'un malheureux adorateur
de charmes , que fouvent il fuppofe ! Nous
fommes , au contraire , ruinées , nous autres ,
fi nous aimons fincerement , pendant que le
profit feul refte à ces femmes dont je parle ,
parce qu'elles n'aiment point : nous autres femmes , nous avons deux rivales qui ne fe dé-
truiront jamais ; les femmes , dont je parle ,
c'eft une fecrette envie qui les dévore ; elles
s'imaginent que nous leur enlevons le droit
de leurs conquêtes , & les dévores ; quant à
celles-là , c'eft un fonds inépuifable de critique
qui les tourmente : elles médifent de nous ,
& calomnient les autres Mais quant aux femmes fages & vraiment vertueufes , c'eft un état
que je refpecte du plus intime de mon cœur :
elles gémiffent de notre état ; hélas ! nous en
gémiffons continuellement ; mais leurs gémif-
femens font accompagnés de reffources : j'en
connois , que ne les ai-je connues au commencement de mon exiftence ! qui en ont pris
foin , & qui n'ont point trouvé de plus grande
gloire pour la vertu , que de tendre la main
à nous autres , pauvres infortunées , que le
goût du plaifir , que la contrainte d'une mere

malheureuse, avoient jettées dans cet affreux
libertinage des passions de la pure nature, &
qui avoient, sans le sçavoir, pris pour régle
constante de leur conduite, que c'est *résister
à l'ordre de Dieu, que de résister à l'ordre d'une
nature, qu'il ne faut jamais, à la vérité, prévenir,
mais qu'il est indécent de vouloir combattre.*

Mon Dieu ! cher Lecteur, que je me suis
écartée ! aidez - moi à revenir à mon sujet !
J'y suis. Je gémissois pour-lors, comme je
vous l'ai dit, sur les idées effrayantes que
m'avoit inspiré le discours de ma mere : je
sortis bientôt de ces pensées morales, appercevant ma mere, qui, en finissant son élo-
quent discours, jettoit les yeux sur les piéces
du triomphe de ma vanité, éparses sur mon
lit & sur ma table : qu'est-ce que ceci, *Mademoiselle*, me dit Madame d'Ul.....? Quelle
magnificence ! tu as donc déja dépensé ton
argent ? & comment as-tu fait en si peu de
tems ? Ce que je t'ai donné n'a pas été suffisant pour tout ce que je vois ; puis tenant cet
ensemble piéce par piéce, elle se récrioit sur
chacune d'elle. Je ne lui fis aucun mystere,
& lui dis que ce tout étoit un présent
de mon parrein, qui m'étoit venu voir &

m'avoit donné tout ce qu'elle voyoit. Tu as
donc conſervé ton argent ? Oui , *Madame* ,
lui répondis-je. Tant mieux ! tant mieux ! ma
fille , voilà comme il faut en uſer : ne va pas
t'amuſer , quand tu ſeras grande , à ces gens
qui font les langoureux ; c'eſt à un Amant
bien riche qu'il faut s'abandonner. Retiens
bien ce conſeil , ma fille : ne donne jamais
ton cœur ? qu'il ſoit toujours libre ! ce n'eſt
pas ſans deſſein que je te fais ma confidente.
Ecoute-moi bien , & fais ton profit de ma
conduite : tu n'as rien à eſpérer que ſur le fonds
de mon induſtrie , en attendant que je te puiſſe aſſocier à mon commerce. En vérité , je
tremblois d'effroi : je rougis même de me trouver expoſée aux leçons d'une mere ſi indigne
de l'être ; leçons ſi contraires à cette façon de
penſer que j'ai toujours conſervée , & dont je
n'appercevois encore que de foibles prémices.
Hélas ! grand Dieu , quels exemples d'une pareille conduite , & d'un ſemblable caractere ,
n'ai-je pas eu lieu de voir pendant le cours de
ma carriere , & de mon propre libertinage ,
qui m'ont déchiré le cœur ? Que de meres
ai-je vu ſous le voile de la pruderie qu'avoit
tiſſu le débris des attraits de la Jeuneſſe ; atten-

dre avec impatience la maturité des graces
naissantes de leurs filles , & même en prévenir le tems en faveur d'une augmentation de
fonds , qu'avoit devancé leur propre industrie !
que de meres, dans le commerce de la vie ,
vendent l'honneur de leurs filles , & immo-
lent cette vertu naissante qui auroit porté d'heureux fruits ! que de filles , qui sous une autre
discipline , auroient fait honneur à la Société,
& détruit le malheureux préjugé que les hommes ont pris de nos caractéres ! Je l'avouerai ,
qu'on me permette cette légiflation ; je crois
que pour couper court au libertinage de Paris,
qui infecte même les Provinces , il seroit indifpenfable de punir les peres & meres , plutôt que les filles ; ce seroit le vrai moyen , &
le feul même qui pût arrêter la progreffion d'un
tel débordement : c'eft nous autres femmes qui
devons être confultées à cet égard , plutôt que
des hommes fages , & qui font , quoiqu'heu-
reufement, fans expérience ? ce feroit contre
ces hommes miférables , crapuleux ; enfin , ces
hommes bas & méprifable , qui diffipent leurs
richeffes à l'acquifition de l'innocence , contre lefquels il faudroit févir avec la derniere
rigueur. Hé ! ce font juftement & à ces meres

indignes, & à ces hommes barbares que l'on proftitue l'encens, & la févérité n'eft que pour une malheureufe victime, fouvent contrainte malgré elle à fuivre les pas de l'avarice d'une mere & la brutalité des hommes !

Pardonnez-moi, cher Lecteur, j'ai lu un Auteur Romanefque propre à ennuyer confidérablement, à raifon des réflexions métaphyfiques, qui enjamboient fur chaque phrafe hiftorique : il a été applaudi ! pourquoi ne le ferois-je pas également, puifque mes réflexions font toutes du reffort de la pure nature, & qu'elles fuivent d'un pas égal l'hiftoire de ma vie ? On doit me croire ; je fuis fincere, & la preuve que je donne de ma fincérité n'eft pas fufpecte.

Ma mere s'occupa enfuite de fon déménagement pour le lendemain : en effet, dès ce jour M. d'*Ul*........ nous vint prendre dans un fiacre ; ma mere & moi étions habillé de façon à lui faire honneur : il fut enchanté de ma figure. Je lui plus ; je l'aimois. Nous defcendons, nous roulons grand train, nous arrivons à notre Hôtel. Le Procureur qui nous attendoit, entendant arrêter un caroffe, fe douta que c'étoit fes nouveaux hôtes : il defcendit, toujours en robe de chambre, mais au lieu du bonnet de velours, il avoit une perruque ronde toute neuve ; il s'étoit mis à sa toilette, & étoit le plus beau garçon du monde. Il présenta la main à Madame d'*Ul*...... ce fut la premiere fois que je lui vis faire avec élégance ces minauderies, qui étoient le sel de son amour postiche, ou plutôt qui étoient l'hameçon de l'imbecille Amant. M. d'*Ul*...... me prit dans ses bras pour descendre ; nous montons au premier ; nous y rencontrons Madame *Ruinard*, qui embrassa ma mere, qui s'écrie ensuite sur ma jolie figure, m'embrasse & me caresse à mon tour. Ce fut ainsi que nous entrames chez elle. Quand nous nous fumes un peu reposées, (c'est le terme ordinaire du beau monde ; quand on descend de carosse, sur-tout d'un fiacre, on est, ou on doit être *excédé* de fatigue,) nous montons à notre appartement, qui se trouva prêt à nous recevoir ; car M. d'*Ul*...... avoit eu soin de faire ranger tout ce que ma mere avoit envoyé. La premiere chose qui me frappa, ce fut deux miroirs, l'un sur la cheminée, qui répondoit à un autre au-dessus d'une commode placée vis-à-vis, que nous nommions nos *glaces.* Je me vis à mon aise

dans ces glaces par devant & par derriere ; &
sans autre cérémonie , je me tournois & me
retournois , de façon que Madame *Ruinard*
s'en apperçut. Eh quoi ! ma fille , vous vous
trouvez ici plus jolie que d'où vous sortez ,
me dit Madame *Ruinard*. J'allois répondre
avec précipitation , quand ma mere se doutant
que j'allois dire une vérité qui l'auroit deshonorée , me ferma la bouche , en répondant ,
que ce qui affectoit sa fille étoit de se voir en
même tems par devant & par derriere ; que
leur ancienne chambre ne pouvoit souffrir ce
vis-à-vis : cette réponse fut acceptée pour bonne , & donna occasion à la dissertation des
différentes façons d'ameublement que pouvoient souffrir les appartemens. Quand tous
ces préambules ennuyans furent finis , M. &
Madame *Ruinard* engagerent Monsieur , Madame & Mademoiselle d'*Ul*..... à leur faire
l'honneur de souper avec eux , attendu , di-
soient-ils , que nos gens viendroient trop tard
pour nous faire à souper ; je vis ma mere pâlir au mot de *gens* , dont elle n'entendoit que
trop bien les termes , mais dont le défaut de
gens aigrissoit son amour-propre. M. d'*Ul*.....
plus uni , souffrit de son côté , mais il eut assez

de force pour répliquer que leur gens ne con-
fiſtoient qu'en une ſervante que Madame d'*Ul*...
avoit miſe dehors par mécontentement, &
qu'il remplaceroit aujourd'hui ou demain par
une qu'il avoit arrêtée & qui devoit arriver.
On eſt ſi trompé, reprit ſur le champ Madame
d'*Ul*...... dont la vanité étoit en une terrible
allarme, avec ces ſortes d'animaux, qu'en vérité on aimeroit mieux s'en paſſer que d'en
prendre ; mais c'eſt un mal néceſſaire. Auſſi-
tôt la converſation roula ſur les Cuiſinieres ;
les Servantes & les Laquais, de façon que ſans
M. *Ruinard* on auroit paſſé la nuit ſur leurs
chapitres : mais lui, interrompant le cliquetis
de ces femmes, qui faiſoit main-baſſe ſur ces
pauvres gens, dit à Madame *Ruinard*, vous
oubliez qu'il eſt tems de nous faire ſouper, &
qu'il eſt tems que nous deſcendions. Nous deſ-
cendimes, en effet, à l'appartement de M. &
Madame *Ruinard*, qui étoit très-illuminé &
beau ; M. d'*Ul*...... donnoit la main à Madame *Ruinard* avec laquelle il n'étoit déja
point trop mal, & M. *Ruinard* donnoit la
ſienne à Madame d'*Ul*...... avec laquelle il
étoit en voie de convention. Je ſuivois par
derriere, & je fermois la marche, occupée à

saisir toutes les physionomies. On nous servit des féves & des œufs. J'aimois mieux cette
cuisine que la *Gargotte* de Madame d'*Ul*....
Les Convives mangerent à merveille, & sur-
tout ma mere: on avoit beau lui dire qu'il y
avoit du poisson qui alloit paroître, elle alloit
toujours son train ; elle ne prenoit point garde
que les Clercs & les gens de M. *Ruinard* n'a-
voient point d'autres ressources que ces deux
premiers mets. Enfin , on servit le poisson :
Madame *Ruinard* nous vanta ses soins , qui lui
avoient donné le plus beau poisson du monde.
Ce plat unique consistoit en une matelotte prise
à la Croix d'argent, qui lui avoit coûté trente
sols. Vous ne croiriez pas , dit-elle , combien
je me suis donné de peine pour aller ce matin
chez les Marchandes de poisson , sans avoir pu
rien rencontrer qui fut présentable , & qui ne
fût d'un prix excessif; ces Marchandes de poisson , continua la Dame *Ruinard*, sont si fieres
& si insolentes , qu'elles ne céderoient point le
pas à une femme de Procureur : elles s'enrichis-
sent des vols qu'elles font sur le Public ; en
vérité , on devroit bien régler les états. Vous
verrez ! vous verrez ! Madame d'*Ul*....! vous !
femme de Militaire , qui méritez des égards &

des confidérations au-deffus de ceux qui nous font dûs, comment ces femmes-là vous regarderont! Madame d'*Ul*......! prenez-le fur le haut ton, & ne vous laiffez pas marcher fur le ventre! tout dépend des commencemens! ces femmes, encore une fois, font brillantes à nos dépens, & nous éclabouffent fort fouvent: cependant il faut les voir ces fortes de femmes; car nous en avons beaucoup dans ce quartier-ci: mais vous verrez, vous verrez combien je rabbaiffe leur caquet..... M. d'*Ul*.... voulut faire finir cette ennuyante converfation, mais inutilement; on ne l'écoutoit point. M. *Ruinard* de fon côté, qui n'étoit occupé que de plaire à Madame d'*Ul*...... & qui perdoit fes peines, attendu que cette même Dame, qui fe trouvoit dans fon centre, au milieu de ce rapport de médifance & de calomnie, n'avoit d'autre attention que celle d'écouter, de répondre & de manger. Les deux maris, voyant qu'ils ne pouvoient être écoutés, refterent donc dans le filence; ils crurent un inftant que tout étoit fini, parce que Madame *Ruinard* avoit enfin ceffé; mais Madame d'*Ul*...... toujours la bouche pleine, répliqua: Eh quoi! *Madame*, vous vous mêlez donc du ménage? vous allez donc vous-même

à

à la provision ? Oui , vraiment , repris Madame
Ruinard ! Nous serions bientôt ruinés , si nous
laissions faire nos domestiques. Nouveau sujet
de reprendre le caractere des Valets , nouveau reflux , nouvelles réparties. Madame
d'Ul...... enchantée de la conduite de Madame *Ruinard* , saisit cette occasion pour pal-
lier son défaut de Domestiques. Que je suis
charmée , Madame , lui dit-elle , de ce que
votre caractere est conforme au mien ! toute
femme de Militaire que je suis , je vais à la
provision , j'y mene même à présent Mademoiselle : je fais plus , je sçais faire la cuisine ;
demandez à M. *d'Ul......* s'il ne dévore pas
ce que je lui présente , accommodé de ma main :
là ! Madame , là ! vous en goûterez. A vrai
dire , je ne suis inquiette d'une servante que
pour faire annoncer ; car cela est du beau ton.
Eh ! fi , Madame ! répartit Madame *Ruinard* ;
ce n'est point une servante qu'il vous faut ;
c'est une cuisiniere : entre nous cependant ,
dans nos maisons , une cuisiniere n'est qu'une
servante , une fille grossiere & ignorante ; mais
nous lui donnons le surnom de cuisiniere ; cela
sonne mieux : tenez , c'est moi qui ai accommodé les œufs & les féves que vous avez man-

gés ; qu'en dites-vous ? & fans lui donner le
tems de répondre , elle continua à faire rougir
Madame d'*Ul*........ en lui difant qu'une fervante ou cuifiniere n'étoit point faite pour
annoncer. C'eft un laquais , Madame qu'il
vous faut, c'eft un laquais ; tenez , ce laquais
que vous m'avez vu , annonce , me fuit, me
porte la robe , mon livre , & ne me quitte pas ;
à plus forte raifon doit-il en faire autant à
une femme comme vous , à une femme de
Militaire. M. d'*Ul*.... dit à Madame *Ruinard* ;
Madame , ce que vous dites eft vrai ; mais je
n'ai pas cru devoir accoutumer Madame d'*Ul*....
à fe faire fuivre ; je fçais que je fuis d'un nom
& d'un état qui m'obligeront à ténir cette conduite par la fuite ; mais nous ne fommes point
riches ; il faut attendre. Ah ! **M.** d'*Ul*.....
interrompit Madame *Ruinard* , il en faut un ;
cela n'eft pas fi cher que vous penfez. Voici
un laquais ; fes gages font pris fur les cliens,
qui viennent confulter Monfieur ; fon habille-
ment eft fait aux dépens d'une vieille garde-
robe d'habits que porte M. *Ruinard* pendant
les vacances , & la dépenfe d'ailleurs fe prend
fur les rôles d'écritures : n'eft-il pas vrai, mon
cher ami M. *Ruinard* ? M. *Ruinard* ne s'en

défendit pas , encore moins rougit-il de cette apostrophe. Mais , répliqua M. d'*Ul....* fort pertinemment , nous n'avons point de cliens , nous ne faisons point de rôles ; nous n'avons que nos appointemens. Oh ! oh! M. d'*Ul....* répliqua Madame *Ruinard*, vous nous la donnez belle ! & ne sçavons-nous pas comment vous faites avec vos soldats , & les arrangemens que vous avez avec vos Officiers ? ces petits tours de bâton valent bien nos cliens & nos rôles. Allez , allez , M. d'*Ul.....* chacun sçait son métier; vous glosez sur les Procureurs ; mais , la main sur la conscience , dites-nous la vérité : n'y a-t-il pas lieu à gloser sur vous. Vivons bonnement , dit-elle en finissant enfin , & faisons du mieux que nous pourrons. Madame d'*Ul....* étoit ravie que cette femme eût ainsi parlé & donné un nouvel essor à l'amour-propre de son mari : elle observoit un mystérieux silence , & sembloit voir dans la physionnomie de M. d'*Ul....* qu'il commençoit à capituler.

Cette conversation , comme vous pouvez en juger, ne laissa pas que de nous mener assez loin : minuit sonna , cette heure fit réfléchir Madame *Ruinard* , qui ne s'ennuyoit pas , mais qui avoit peur que son mari ne se réveillât trop tard le lendemain : c'est pourquoi elle lui dit : M. *Ruinard* , vous feriez fort bien de vous aller coucher ; vous avez demain des cliens auxquels il faut arracher la derniere plume. M. *Ruinard* applaudit au difcors fenfé de Madame fon époufe , & fe retira. Ma mere demanda ce que vouloit dire *ce mot du guet*. M. *Ruinard* étoit déja paflé dans fa chambre ; elle étoit libre ; auffi nous découvrit-elle le myftere : ce font , dit-elle , d'honnêtes gens qui doivent environt deux mille écus ; ils ont été attaqués par leurs créanciers , au moment du défaut d'argent : mon mari à fait faifir une maifon dans Paris de valeur de plus 100000 livres. Les débiteurs ont cru bien faire de fe metre entre les mains de M. *Ruinard* , qui eft le Procureur des créanciers ; de façon que , felon l'ufage introduit dans la communauté , ils font pour & contre : mais afin que cela ne paroiffe point , ils confervent les premiers cliens en leurs noms , & défendent ou ruinent les autres, fous le nom emprunté de leurs confreres. Cet ufage ménage les frais ; mais cependant n'en difpenfe point des néceffaires ; de maniere que la vente de cette maifon doit être décidée inceffamment ; on n'efpere en avoir que 40000 liv. au plus , vû le malheur des tems ; encore faut-il que mon mari, pour faire plaisir à ces honnêtes gens, la prenne sous un nom emprunté, & la fasse monter à cette somme, qu'il sera obligé de payer de ses deniers : demain doivent venir plusieurs personnes affidées pour lui servir de *prête-noms*, auxquelles il faut qu'il paye deux mille écus au moins ; c'est-à-dire à celui qui se contentera de cette somme, sans préjudice des 40000 liv. Madame d'*Ul*...... charmée de cette confidence, dit à Madame *Ruinard* : je suis surprise que M. *Ruinard*, homme intelligent, ne s'adresse pas plutôt à un ami qu'à ces sortes de *prête-noms*, qui souvent trahissent le secret & la bonne foi : je vous conseille de lui faire part de cette réflexion avant qu'il se couche. Madame *Ruinard* s'égosilla à appeller M. *Ruinard*, qui, déjà endormi, se réveilla en sursaut ; & croyant que l'on crioit au feu, vint avec une vieille robe de chambre & un bonnet de laine fort gras, tout effarouché, au milieu de la compagnie, criant & s'égosillant, au feu ! On l'appaisa ; il revint à lui, & Madame *Ruinard* l'instruisit du motif qui avoit donné lieu à l'appeller. M. *Ruinard* auroit été fort aise de trouver un ami, non pas tant pour le secret que

pour fe difpenfer de compter deux mille écus ;
mais n'ofant trop s'ouvrir à cet égard, il ne
trouva plus qu'une difficulté qui étoit celle de
trouver un tel ami. C'eft moi, dit Madame
d'*Ul*.... & il eft furprenant que vous n'ayez
pas jetté les yeux fur moi. L'imbécille donna
dans le panneau, & paffa une partie de la
nuit à mettre avec Madame d'*Ul*..... l'affaire
en regle. Quand Madame d'*Ul*..... eut figné fon
pouvoir & fon offre, M. *Ruinard* l'embraffa
de tout fon cœur : fa femme fe félicita davantage de fes nouveaux hôtes : chacun fe retira
& alla fe coucher. J'avois befoin de dormir ;
cependant je me roidiffois contre le fommeil,
pour être préfente à toute cette affaire.

Le lendemain, M. d'*Ul*... fe leva de fort
bonne heure pour aller à fa Compagnie, & dit
à fa femme qu'il lui enverroit aujourd'hui une
fervante & un lit pour la coucher ; qu'elle pré-
parât la premiere piece à recevoir le tout enfemble : mais, lui dit-elle, (ainfi qu'elle me le
rapporta enfuite, (avez-vous penfé à me donner un laquais ? Oui, lui répondit-il, je prendrai quelque jeune homme de mes Soldats que
je formerai, & qui ne me coûtera que l'entretien. Madame d'*Ul*... fauta au cou de fon

complaisant mari , & lui promit en revanche
que cet entretien ne lui coûteroit rien , qu'elle
en vouloit faire les frais : l'embarras étoit de
trouver un trou pour le placer ; cela se trouva
dans la journée , & le jour suivant nous eûmes
cuisiniere & laquais. Ce même jour M. d'*Ul....*
avant de partir , vint m'embrasser dans mon lit,
me dire adieu pour huit jours ; car il étoit souvent des quinze jours sans coucher à la maison ,
à cause de ses fonctions ; de sorte que nous étions
libres pendant les trois quarts de l'année.

Ma mere se levoit à peine , il étoit près d'une
heure quand M. *Ruinard* entra. Madame , dit-
il , la maison est à nous ; c'étoit aujourd'hui le
dernier jour des criées ; j'ai fait signifier vos
actes , & ce matin , au lieu de faire remettre
l'enchere , comme je me l'étois proposé , j'ai
fait fixer l'adjudication. La maison me revient
à quarante mille livres , elle vaut cent mille
écus ; elle étoit louée douze mille livres de rente ;
mais par le bail judiciaire , les loyer sont tellement diminués que , les réparations faites ,
à peine en retiroit - on deux. Comme votre
Domestique n'est pas encore arrivée , nous
avons pourvu à tout ; nous dinerons ensemble ;
Madame *Ruinard* a donné ses ordres ; elle

vous attend avec notre chere petite Junon : quant à moi, je vais manger un morceau afin d'aller de suite payer tous les droits, & retirer mes actes de propriété. Sur le champ M. *Ruinard* sortit.

En effet, ma mere, enchantée de faire une si belle épreuve, de rendre un Procureur dupe de ses intérêts, vint dans ma chambre : j'étois déjà occupée à me parer ; elle m'embraffa avec tendreffe ; en m'affurant que bientôt elle auroit une cuifiniere & un laquais en regle, & qu'elle me mettroit fur le ton de la bonne éducation. Je n'entendois rien à cela, mais je jugeois qu'elle me parloit de l'hiftoire de la veille, fur laquelle, fans trop fçavoir ni comment ni pourquoi, je fondois des efpérances. Le dénouement n'eft pas éloigné : nous nous habillames à la hâte & nous defcendimes ; nous trouvames Madame *Ruinard* qui nous accabla de mille amitiés, & M. *Ruinard*, déjà à table, nous prévenoit de mille témoignages de reconnoiffance. On nous fervit fur le champ. M. *Ruinard* quitte table, fort & court à fes affaires ; il ne revint que fort tard : quant à nous, étant engagées à fouper encore chez le Procureur, nous tinmes table affez longrems, & nous ne la quittames même que quand on vint nous avertir que *Jeanneton*, notre cuisiniere, étoit arrivée avec le lit qui lui étoit destiné : nous remontames toutes , & nous fimes ranger ce nouveau & premier Domestique. Ma mere lui donna nos vieilles serviettes, qui ressembloient fort à des torchons pour faire sa cuisine : cet embarras que ma mere n'avoit nullement prévu , lui donna du sombre ; car il falloit acheter torchons , tabliers & d'autres meubles de cuisine qui décorent les Cuisinieres. Je vous ennuirois si je vous décrivois les interrogations qu'elle subit de la part de Madame *Ruinard* & de Madame d'*Ul...* Cette fille , qui paroissoit merveilleuse , répondit juste à tout : les gages furent fixes à bon compte pour la premiere année , & elle nous resta.

Madame *Ruinard* & Madame d'*Ul...* passerent la soirée à jouer *à la briscambille* ; elles s'acharnerent au jeu pendant trois heures au moins : le foible de ma mere n'étoit nullement le jeu ; aussi , inquiette de revoir son Procureur, perdit-elle ; mais avec une noblesse qui mérita l'éloge de Madame *Ruinard*. M. *Ruinard* arrive enfin , armé de pied-en-cap de tout l'attirail de la chicane. En entrant il sauta au cou de Madame d'*Ul......* & de ses bras , il passa dans ceux de

sa femme : par votre moyen, Madame, lui dit-
il, voilà donc ma fortune faite. Oh ! l'heureux
jour, que celui qui m'a procuré votre connoiffance, Madame ma chere d'*Ul*....! Voilà, d'un
trait de plume, dit mille livres de rente que je
me fais pour douze mille livres ; car les frais
d'obligation, les taxes, les droits payés, il ne
refte plus que cette fomme pour acquitter les
créanciers : je fuis au comble de ma joie, je
fuis à préfent en état de me retirer ; j'ai bien cent
mille livres d'argent comptant : cependant je
veux encore pourfuivre mon état ; car il eft
difgracieux de n'en point avoir, furtout à mon
âge, du caractere laborieux dont je fuis doué.
Allons, ma chere femme, divertis-toi à préfent, rien ne te manquera, & confervons fide-
lement l'amitié que méritent M. & Madame
d'*Ul*... Ma mere fourioit à toute cette volubilité d'étalage de la fortune de M. *Ruinard*, & fe
difpofoit à profiter de tout cet évenement.

Ces préambules finis, on fervit à fouper : il
ne fut pas long ; car nous avions bien dîné,
& M. *Ruinard* avoit befoin de repos. S'appercevant pour-lors que M. d'*Ul*.... n'étoit point
avec nous, il en demanda la raifon. Madame
d'*Ul*..... reprit fon air *jovial*, & dit qu'elle étoit

accoutumée à ces abſences que ſon état exigeoit ; que quelquefois en quinze jours elle ne
le voyoit pas deux fois. On plaignit l'état du
mari , & le veuvage de la femme ; chacun ſe
retira , & chacun à part fit ſes réflexions pour
la journée du lendemain.

M. *Ruinard* avoit travaillé dès le matin pour
faire dreſſer un acte de déclaration de la part
de Madame d'*Ul*...., Comme cette adjudication de la veille étoit au profit de M. *Ruinard,*
qu'elle reconnoiſſoit que tout avoit été payé de
ſes deniers , & qu'elle n'avoit ſervi que de
prête-nom. M. *Ruinard* , dis-je , qui avoit diſ-
poſé tous ces arrangemens , entra chez ma mere
qui étoit encore dans ſon lit , qui rêvoit de
ſon côté à prendre ſes meſures pour rendre
dupe ſon diſcret Procureur. Il ſe fit annoncer
par la Cuiſiniere & parut. Quoi ! Madame ,
lui dit-il d'un ton de voix fort élevé , vous
êtes dans votre lit pendant que je viens de
vous donner dix mille livres de rente ? Madame
d'*Ul*....... ne fut pas fâchée que devant ſa
Domeſtique il lui eût fait cet honneur : ce diſcours , d'un autre côté , enchanta la Domeſtique , qui en fit bientôt part à ſa confidente ;
& de bouche en bouche , on ſçut dans le quar-

tier que la nouvelle domiciliée logée chez M.
Ruinard venoit d'avoir dix mille livres de rente
par les soins de son propriétaire. Cette re-
nommée fit l'effet le plus conforme à la vanité de Madame d'*Ul*....; car nous fumes re-
gardés dans le quartier comme des gens riches;
mais dont la modestie égaloit les fonds.

Ma mere se laissa embrasser par M. *Ruinard*,
qui bientôt ne pensant plus à l'objet qui l'ame-
noit, voulut renouer ses premieres conversations. L'état où étoit ma mere qui faisoit paroître ses charmes dans tout leur jour, ces petites agaceries qu'elle lui faisoit ; tout cet ensemble brouilla la cervelle du Procureur. Le
Procureur devint pressant, ma mere contrefit
la prude, elle voulut détourner la conversation
& demanda à voir le titre de sa nouvelle propriété, & qu'il lui montrât les quittances de
tout ce qu'il avoit été dans l'obligation de payer
pour assurer ses droits. Ma mere vit en effet
que tout étoit en son nom ; eh bien ! lui dit-
elle, à présent c'est donc moi qui suis propriétaire ; oui, lui dit en plaisantant l'amoureux
Procureur, & pour preuve de ce que je vous
dis, voilà la déclaration que j'ai signé en votre
nom au bas du pouvoir dont ceci n'est que

l'expédition , car les originaux font dépofés au Greffe ; mais je ne vous remettrai le tout que quand vous m'aurez accordé...... J'entends , dit Madame d'*Ul*..... un pareil préfent vaut bien un facrifice de ma part ; donnez-moi ces papiers , & fiez-vous à ma bonne foi. Le Procureur continuant la plaifanterie , les lui remit : elle les mit à côté d'elle , fous fon oreiller , & après elle écouta volontiers les propofitions flatteufes de M. *Ruinard.*

L'amoureux Procureur fe mettoit en devoir de prendre fa place à côté de ma mere , & déjà dans une entiere liberté d'exprimer fa paffion , lorfque Madame *Ruinard* entra : par bonheur pour ma mere , qu'en plaifantant feulement , elle cherchoit à l'éloigner , & qu'elle lui difoit : comment , M. *Ruinard* , pouvez-vous être fi fou ? vous avez une aimable femme , & vous voulez courir fur les brifées d'autrui ? Ce fut dans ce moment que Madame *Ruinard* entra , & qu'elle entendit ce débat , qu'elle prit au férieux de la part de ma mere , qui ne difputoit pour - lors que pour enflamer davantage l'amour du Procureur : ce fut dans cet inftant que Madame *Ruinard* s'avança au lit de Madame d'*Ul*...... qu'elle l'apperçut repousser son mari ; elle se mit à crier comme une folle. M. *Ruinard* interdit & confus, ne sçavoit que devenir. Madame d'*Ul*...... enchantée des embrassemens de Madame *Ruinard,* fut bien contente que ses discours eussent été pris au serieux ; elle fut justifiée, & le mari contraint de s'habiller & de se retirer dans son cabinet.

Au bruit, aux lamentations que faisoit Madame *Ruinard,* je m'éveillai ; je me levai & m'habillai au plus vîte pour voir ce que cela signifioit. Je vis Madame *Ruinard* collée aux joues de Madame d'*Ul*..... larmoyant & déplorant sa situation, jurant, pestant contre l'infidélité de son mari. Voyez, Madame, si vous n'étiez pas une femme aussi sage, à quelles extrémités se seroit porté ce libertin ! Pour qui vous prenoit-il ? Madame, il falloit prendre un bon bâton, & le chasser de chez vous à grands coups : le scélerat ! le bélitre ! vouloir violer des femmes aussi vertueuses, & encore des locataires & des femmes de Militaire comme vous ! Si c'eût été M. d'*Ul*.... qui fût entré au lieu de moi, il lui auroit passé son épée au travers du corps, & il l'auroit bien mérité.

Ma mere écouta avec une feinte compaſſion les cris de ſa douleur, la conſola, lui fit entendre que les hommes ſont entreprenans, & que c'étoit ſa faute d'avoir permis que M. *Ruinard* entrât avant d'être levée ; qu'une autre fois cet évenement le rendroit plus circonſpect : mais après tout, Madame, reprit ma mere, il n'y a que la folie de votre mari qui puiſſe vous faire de la peine : il ne faut pas divulguer ces ſortes d'évenemens ; cela vous feroit tort, & vous compromettriez ma réputation : je vous demande en grace de vous raccommoder avec lui, & de n'en plus parler. Ma mere ſe leva enſuite, mit ſes papiers dans ſa commode, en ſerra la clef, & après s'être habillée, elle deſcendit avec Madame *Ruinard*. Là dans ſa chambre, elle lui fit promettre de recevoir les excuſes de ſon mari. Madame d'*Ul*...... paſſa dans le cabinet de M. *Ruinard*, qu'elle vit tout eſſouflé de ſon aventure. J'ai fait la paix, mon cher M. *Ruinard*, tout va à merveille, lui dit - elle ; venez avec moi ; faites quelques excuſes à Madame *Ruinard* ; embraſſez-la, couchez ce ſoir avec elle, & tout ſera raccommodé. La pénitence étoit trop rude pour M. *Ruinard*, il se débattoit ; mais Madame d'*Ul*..... lui ayant fait appercevoir que cette querelle auroit des suites par rapport à elle, M. *Ruinard* y consentit. La paix se fit, mais il falloit la faire à cette condition pour que tout fût oublié ; c'est ce que M. *Ruinard* ne pouvoit digérer, cependant il fallut en passer par-là ; aussi pour marquer de reconnoissance de la part de Madame *Ruinard*, elle nous engagea à passer encore la journée chez elle ; de façon que nous dinames & nous soupames encore avec le Procureur. Par un bonheur inexprimable, c'est que notre cuisiniere, aussi-tôt après avoir annoncé M. *Ruinard*, étoit sortie, & n'étoit revenue que fort tard ; ainsi cette histoire ne passa pas les personnes intéressées.

Madame d'*Ul*..... reconduisit M. *Ruinard* dans son cabinet, où il déploroit son sort auprès d'elle. Vous avez mal pris vos mesures, mon cher Amoureux, lui dit Madame d'*Ul*.... pour le sonder ; il falloit fermer le verrouil avant de faire vos folies : par bonheur que ce que je vous disois en badinant, a été entendu & pris au sérieux par Madame *Ruinard* ; sans cela, nos affaires étoient en assez mauvais état. Cependant l'amoureux Procureur détestoit cette

fatale

fatale nuit qu'il devoit passer avec sa femme ;
il auroit bien voulu la passer avec Madame
d'*Ul*. . . . . mais cela ne se pouvoit ; aussi pour
le consoler, Madame d'*Ul*. . . . . lui dit qu'il
falloit laisser passer quelques jours avant de
monter chez elle en tête-à-tête, & surtout ne
rien précipiter, & attendre du tems une nouvelle entrevue. Ce pauvre Procureur oublia
l'adjudication de sa maison : étoit-ce l'amour ;
étoit-ce la honte ? étoit-ce la vue de la peine
qui lui étoit imposée ? Sans entrer dans un détail si triste, & si inutile, il oublia, pour la
premiere fois de sa vie, de s'entretenir de son
avarice. La journée se passa assez tristement de
sa part ; & de notre part, du moins de la
mienne, j'en fus assez contente ; je montois &
descendois avec le plus grand plaisir du monde.
Quant à ma mere, elle joua avec Madame
Ruinard toute la journée, préférant sa propre
satisfaction à la réconciliation d'une femme justement irritée, & d'un mari confus.

Je ne sçais ce qui se passa chez ces époux pendant deux jours, où nous ne vîmes personne, &
où ne nous descendimes pas non plus. Il fut question pendant ce tems, de prendre des arrangemens dans notre domestique, & de nous préparer

à l'ouvrage ; il nous falloit mille chofes d'une utilité indifpenfable ; linge à notre ufage, ajuftemens, linges de ménage, &c. Que l'on s'imagine que nous manquions de tout, & on aura bientôt porté fa vue fur ce qui nous étoit indifpenfable. Ma mere ne vouloit point toucher à fes fonds ; elle ne prétendoit employer que le refte des 25 louis de *Jolicœur*. Cependant, par un effort généreux, elle fe réfolut d'y toucher pour calmer la vivacité de fa vanité, & dans une mille affurance que dans la fuite foninduftrie l'accréditeroit d'avantage.

Après ces deux jours paffés dans notre domeftique, ma mere me fit habiller pour fortir avec elle & aller acheter tout au moins une partie confidérable de ce dont nous avions befoin. Nous paffames fous des pillers, où elle acheta pour elle & pour moi des deshabillés, & deux robes avec leurs dépendances, pour chacune de nous. Cette acquifition de peu de conféquence fournit matiere à m'inftruire de l'économie : nous emballames cette provifion dans un caroffe qu'il nous fallut prendre, & allames fous les pillers du Saint-Efprit, proche l'Hotel de Ville, acheter tout le linge de rencontre dont nous pouvions avoir befoin abfolument ; parmi lequel nous eumes chacune six chemiles avec leur prétentailles , coëffes , bonnet de nuit , &c. de forte que peu s'en fallut que tout ce que nous achetames ne dégarnit les boutiques de cet endroit. Que ma mere fut contente, lorfque , de retour chez elle , elle trouva que les 25 louis de *Joliœur* n'étoient point épuifés ! Nous paffames la journée à ranger nos ouvrages & à nous mettre au travail ; j'étois fort contente de me trouver ainfi à mon aife : elle s'appliqua à me montrer l'élégance d'une aiguille , & en peu de tems je fut en état de me paffer d'ouvrieres.

Quelques jours après arriva M. d'*Ul*....qui nous fit compliment de nos emplettes & de nos arrangemens. Il dit à Madame d'*Ul*....qu'il comptoit paffer avec elle ces deux jours-ci , & qu'il avoit pris fes mefures pour donner dans le jour à fouper à M. & Madame *Ruinard*. Comme cette dépenfe étoit fur le compte de M. d'*Ul*....., ma mere en fut charmée ; elle defcendit pour en prévenir M. & Madame *Ruinard* : elle vit M. *Ruinard* qui l'embraffa bien tendrement , & qui l'affura que la paix entre fa femme & lui étoit à préfent inviolable. Elle lui en fit fon compliment ; & pour ne point

donner d'ombrage à cette femme pacifiée , elle
prit congé du mari pour aller voir sa femme.
Madame *Ruinard* la reçut avec le témoignage
le moins suspect de l'amitié la plus sincere ;
elle lui fit le récit de son raccommodement ,
& qu'elle avoit lieu d'avoir confiance au traité
de paix. A son air , me dit ma mere , je pense
qu'elle souhaiteroit avoir lieu d'avoir souvent
de pareilles contestations. Si ma mere avoit
quitté si brusquement M. *Ruinard* , ce n'étoit
sûrement pas la crainte d'une nouvelle brouil-
lerie , mais la crainte de la répétition des papiers. Quoi qu'il en soit , M. & Madame *Ruinard* vinrent souper avec nous & nous passames
la soirée fort gaiement.

Ma mere étoit sortie , quand Madame *Ruinard* arriva , & elle arriva long - tems avant
son mari. Ma mere avoit reçu de l'argent du
sien pour achetter les choses nécessaires au repas ; au lieu d'aller à la Croix d'argent , elle
crut qu'elle en seroit quitte à meilleur marché
ailleurs : en effet , elle alla visiter tous les petits cerdeaux du coin des rues : elle trouva chez
l'un des mauviettes , chez l'autre un poulet ,
chez celui-ci un plat de pieds à la sainte Me-
nehoud ; chez l'autre des entremets , une assiette

d'épinars, & une assiette de concombres ; de façon qu'avec un gros gigot qu'elle avoit chez elle, elle fut en état de régaler la compagnie avec un ordre & une symétrie qui ne s'étoient point rencontrés chez le Procureur. M. d'*Ul*.... qui lui avoit donné un louis, fut régalé pour 30 sous au plus ; encore M. d'*Ul*...... le lendemain fut-il obligé d'en remettre un autre, suivant le mémoire de la dépense que lui avoit donné ma mere. M. d'*Ul*..... de retour, ne rentra pas dans l'appartement ; elle remit au feu tout ce qu'elle avoit apporté & qui étoit déjà cuit depuis plus de deux jours : toutes ces allées & ces venues ensemble, la façon de la cuisiniere, l'occuperent jusqu'au souper, dont elle eut force complimens, qu'elle avoit assez bien mérités par les précédens éloges dont elle s'étoit elle - même accablée.

J'ai laissé Madame *Ruinard* avec M. d'*Ul*.... revenons à eux ; car ceci est intéressant. Madame *Ruinard* avoit déjà jetté des yeux de concupiscence sur M. d'*Ul*...., & M. d'*Ul*.... quoique froid & serieux, s'étoit laissé ébranler à la vue de Madame *Ruinard* : ces deux personnes causerent ensemble à voix basse & s'échaufferent apparemment dans leurs discours ;

de façon que j'entendis M. d'*Ul*..... lui donner rendez-vous pour le lendemain sur les sept
heures du matin , dans un endroit qu'il lui
indiqua , & qu'il lui mit même par écrit : j'entendis qu'ils devoient passer la journée ensemble , au moins une bonne partie. Cette partie
de cœur , ou que je croyois telle , étant liée ,
la pauvre Dame qui attendoit impatiemment
l'heure du rendez-vous , ne pouvoit s'empêcher , dans l'épanchement de son cœur , de lui
révéler le secret des infidélités de M. *Ruinard* ,
& de lui confier qu'elle seroit charmée d'ajoûter au plaisir de cette partie , celui de se venger. M. d'*Ul*...... de son côté , qui n'en
vouloit aux femmes que pour ruiner un mari ,
lui répliqua que la meilleure façon de se venger d'un mari avare surtout , étoit de se divertir à ses dépens. Madame *Ruinard* goûta ce
raisonnement qui la vengeoit de plus d'une
sorte , se mit à rêver à cet expédient ; mais ne
trouvant point sur l'heure de prétextes , elle
s'en remit au tems , & continua à exprimer
sa joie dans un style des plus pathétiques. Ce
fut dans ce moment qu'entra M. *Ruinard* , qui
voyant ma mere occupée du souper , courut
l'embrasser ; mais, m'a-t-elle dit depuis, elle

refufa fes careffes en lui montrant Madame
Ruinard dans la chambre à côté. M. *Ruinard*
entra donc, falua M. *d'Ul*.....; la converfation tomba fur la guerre : elle fit bâiller le
Procureur, qui fe réveillant à la fin de cette
narration, parla de procédure : enfin la compagnie arriva, le fouper fut fervi, & on fe
réjouit beaucoup. La compagnie étoit en pointe
de vin, quand le deffert fut fervi ; il y manquoit du ratafiat. M. *Ruinard*, charmé de fe
trouver avec fa maîtreffe, ne balança pas de
prier Madame *Ruinard* d'aller en chercher dans
l'armoire de fon cabinet, qu'elle y trouveroit
une bouteille de vin de faint Laurent, & une
bouteille d'eau de vie d'Andaye ; qu'elle apportât le tout, & que l'on fe divertiroit à merveilles. Madame *Ruinard* fut d'autant plus enchantée de cette confidence, que cette clef
ouvroit une armoire d'en bas dans laquelle
étoit le tréfor de M. *Ruinard*. Elle prit au plus
vîte la clef de la main de fon mari & fortit
avec diligence. Son premier foin lorfqu'elle
fut dans le cabinet, fut d'ouvrir l'armoire du
bas : & de prendre quatre ou cinq facs (il y
en avoit tant qu'ils étoient *pele-mêle*,) qu'elle
alla renfermer dans fa chambre ; enfuite de

G iiij

quoi elle tira de l'armoire d'en-haut les bouteilles indiquées. M. *Ruinard* se ressouvint de
sa méprise : je m'en apperçus, quand retournant la tête, je le vis pâlir, & dire avec assez
de vivacité, Madame *Ruinard* est bien long-
tems ; je vais l'aller joindre : il étoit déjà levé,
quand ma mere, à coté de laquelle il étoit,
l'arrêta par son habit & le força de rester ; mais
le coup étoit porté ; il n'entendoit plus rien ;
en vain ma mere tâcha de l'égayer ; il devint
rêveur, les yeux hagards : par évenement il
n'avoit point tort. Enfin arrive Madame *Ruinard* toute essoufflée, & pestant contre son mari ;
elle lui dit que si elle avoit été si long-tems,
c'est qu'elle avoit eu beaucoup de peine à ouvrir avec la clef qu'il lui avoit donnée ; qu'elle
avoit été obligée de prendre d'autres clefs qu'elle avoit trouvées sur son bureau ; que revenue
à la même, elle avoit enfin ouvert, & qu'elle
rapportoit ce qu'il lui avoit demandé. Tu ne
t'es peut-être pas trompée, lui dit M *Ruinard*,
tu as été a l'armoire d'en-haut. Je ne connois
que celle-là, lui répartit Madame *Ruinard*
avec un air de bonne foi, & je ne sçai pas
encore s'il y a une armoire dans le bas. M.
Ruinard, satisfait de cette apparence de sincé-

rité , reprit sa bonne humeur , & chacun se remit aux délices du souper. M. *Ruinard* s'émancipoit avec ma mere ; Madame *Ruinard* faisoit les doux yeux à M. d'*Ul.* . . . , & pensoit plus aux infidélités d'un mari que dorénavant elle abandonnoit à ses amours.

Dans ces entrefaites , M. d'*Ul.*... proposa pour le lendemain une partie de déjeuner dans sa chambre , & y invita la compagnie. Madame *Ruinard* fut étonnée de cette proposition ; ne sçachant pas l'intention de M. d'*Ul.*... ; aussi attendit-elle que la compagnie eût parlé avant de se déterminer. Je ne peux accepter cette offre , dit M. *Ruinard* ; c'est le tems le plus précieux de nos affaires. Je ne le peux , dit Madame d'*Ul.*..... parce que j'ai ici beaucoup d'ouvrage à commencer & à finir. En ce cas , dit M. d'*Ul.*... à Madame *Ruinard,* vous y viendrez donc seule. Si M. *Ruinard* le trouve bon , dit Madame *Ruinard* , je l'accepte avec plaisir. M. *Ruinard* scella son consentement d'un verre d'eau de vie d'Andaye à la main , de façon que tous furent contents : chacun avoit ses vues dans cette cordialité , & chacun en fit usage. Ce trait de politique de la part de M. d'*Ul.*... donna à Madame *Ruinard* une haute idée de son esprit

& de son mérite. Aussi n'a-t-elle jamais rien épargné pour lui prouver la sincérité de son estime. Fille unique de si dignes pere & mere, je ne pouvois qu'applaudir à une fortune naissante qui avoit les apparences de la plus grande stabilité.

Le lendemain, Madame *Ruinard* se leva de fort bonne heure, & partit avec les sacs qu'elle avoit la veille enlevés au trésor de son mari. Laissons-la avec M. d'*Ul....*, & revenons à la pensée secrette qui avoit occasionné le refus de M. *Ruinard*. M. *Ruinard* s'étoit bien douté que sa femme qui aimoit à courir accepteroit la partie ; ainsi dès qu'il eut entendu Madame d*Ul...* la refuser, il la refusa également, bien résolu de ne pas échapper son rendez-vous avec ma mere. Aussi M. *Ruinard* qui étoit aux écoutes, le lendemain matin n'eut pas plûtôt entendu rouler le fiacre qu'avoit fait venir sa femme, qu'il monta droit à l'appartement de Madame d'*Ul....*, qui de son côté étoit préparée à le recevoir, ayant sur le champ pénétré l'intention de M. *Ruinard*. Il étoit à peine sept heures du matin, quand M. *Ruinard* frappa à la porte : la cuisiniere étoit déjà levée ; elle ouvrit sur le champ, & le fit passer chez Madame d'*Ul....* Quoi !

pareſſeuſe! lui dit M. *Ruinard*, vous êtes encore au lit, pendant que Madame *Ruinard* court la *prétentaine*..! Ah! c'eſt vous, M. *Ruinard*, dit ma mere d'un ton à demi éveillé; quelle heure eſt-il donc? Huit heures, Madame, huit heures. Ah! Ah! répondit ma mere, je ne croyois pas qu'il fût ſi tard; allons je vais me lever. Non, non Madame, dit M. *Ruinard*, qui commençoit déjà à l'embraſſer; reſtez, Madame; reſtez, nous n'avons rien à craindre; notre Argus eſt dehors, & ne reviendra pas ſitôt. Mais répliqua ma mere, attendez que je donne mes ordres à ma cuiſiniere; il n'eſt pas neceſſaire qu'elle entende ce que vous avez à me dire. Madame d'*Ul*.... appelle ſa cuiſiniere, & lui donne une liſte de commiſſions, qui exigeoient trois à quatre heures de courſe. La cuiſiniere partit, emporta la clef de la premiere porte, & voilà notre amoureux Procureur libre avec mon avare mere: voici un combat de ces deux paſſions qui s'éleve; voyons-en l'iſſue.

Mon Procureur enchanté de ſe trouver ſeul avec Madame d'*Ul*.... qui ne faiſoit pas la moindre difficulté, ſe mit en état de la joindre dans ſon lit; mais à peine y fut-il, que Madame d'*Ul*. lui dit: M. *Ruinard*, vous abuſez de ma permiſ-

sion & de notre liberté ; il est bon avant tout
de regler nos conditions, vous les sçavez : ayez
donc pour agréable de statuer sur mes propositions. De tout mon cœur, répliqua l'enflâmé
Procureur, de tout mon cœur. Eh bien ! lui
dit-il , je vous ai promis votre loyer franc ;
ainsi je vais vous signer une reconnoissance ,
comme vous m'avez payé d'avance les neuf années exprimées dans mon bail. En ce cas , levez-
vous , Monsieur , & allez me faire & me signer
cette reconnoissance , répartit Madame d'*Ul*.....
Mon Procureur se leve , prend une plume & de
l'enere , & satisfait Madame d'*Ul*.... qui prenant cette reconnoissance , la lut , la trouva de
son goût , la plia , & la mit dans sa poche qui
étoit sous son oreiller.

Le Procureur reprend sa place , & compte
être au comble de ses vœux. Alte-là encore une
fois , Monsieur le Procureur , je suis logée pour
rien : mais c'est peu pour mon mari , & ce n'est
rien pour moi : à la vérité , je retirerai les quar-
tiers de sa main , & ils seront à mon profit ;
mais de bonne foi , aurai-je prêté mon nom à
vous donner 12 à 15 mille liv. de rente ; vous
laisserai-je encore propriétaire de ma personne ,
sans que je profite même de la somme qu'il vous

en auroit coûté si vous eussiez eu affaire avec vos *prête - noms* ordinaires ? Le Procureur brûlant d'amour, fit taire encore cette fois son avarice. Cela est juste, lui répondit-il. Eh bien ! j'aurois donné cent pistoles à ces *prête - noms* ; je vais vous les donner. Comment, Monsieur, reprit impérieusement ma mere ! me prenez-vous pour cette vile canaille, & me mesurez-vous à la même aune ? Allez, Monsieur, sortez d'ici, & que jamais vous n'y remettiez les pieds. Madame votre épouse m'a dit que vous leur donniez deux mille écus ; vous en êtes convenu ; & vous voulez me donner cent pistoles ! Fi ! vous êtes un avare & un homme bien méprisable. En disant cela, ma mere se mit à pleurer, & à se rejetter dans son lit, comme si elle se trouvoit mal. M. *Ruinard*, au désespoir de cette scene, revint en son bon sens, sentit que Madame d'*Ul...* accusoit juste ; & se jettant à son cou, ah ! Madame, je vous demande mille pardons. Eh bien ! revenez à vous, je vous donnerai les deux mille écus & en disant cela, il sortit du lit une seconde fois, & alla tirer les deux mille écus de son trésor, qu'il vint faire briller aux yeux de son Amante éplorée.

Madame d'*Ul...* se rassura : cependant pre-

nant un ton d'aigreur, mêlé d'un sel minaudier,
lui dit : en vérité, Monsieur, je plains bien un
caractere comme le vôtre, qui, sans sçavoir
qu'il insulte la plus honnête femme de Paris,
sçait apprécier ses faveurs au prix de la plus sor-
dide avarice. Quoi ! Monsieur, continua-t-elle, cette somme est la plus modique que vous
eussiez pu donner à ces ames vénales pour leur
signature : sçachant la bonne affaire que vous
avez faite, croyez-vous qu'ils s'en fussent tenus
à un si bas prix ; mais, puisque vous sçavez si
peu connoître vos véritables intérêts, & l'honneur des sentimens ; que vous confondez si aisément l'amour que vous m'avez inspiré, & le
libertinage ; je vous prie de vous retirer, & de
vous souvenir que la maison que vous avez
acquise en mon nom, m'appartient, & que
j'en employerai les fonds, & les revenus à mon
usage. Ces derniers mots furent dit avec un
certain sourire, qui fit voir au Procureur qu'elle ne lui parloit pas férieusement : cependant,
cette réflexion ne laissa pas de l'accabler, & de
lui donner à penser ; aussi s'occupa-t-il d'un ton
également *mignard* de la dissuader du parti
qu'elle disoit vouloir prendre : il se jetta sur elle
pour l'embrasser, & reprendre à ses côtés une

place qu'il avoit déjà quittée deux fois; mais
Madame *d'Ul....* ne fut plus si facile; il falloit
céder à son intérêt, ou renoncer à ses faveurs.
M. *Ruinard* ne pouvant se résoudre à accroître
la somme, convertit son amour en fureur, &
lui dit les choses les plus outrageantes; on
eût dit qu'il la connoissoit. Madame d'*Ul....* en
frémit; mais autant intrigante qu'elle étoit,
elle ne prit de son discours que ce qui lui étoit
utile. Je veux que je sois telle que vous venez
de me peindre, répliqua-t-elle; Monsieur, est-
ce à vous à me le reprocher? que vous ai-je fait
pour me traiter avec une fureur si basse & si inso-
lente? Je peux vous perdre; il ne tient qu'à moi.
J'ai voulu vous faire rentrer en vous-même; vous
avez vu mon jeu: tout ceci n'étoit qu'une badinerie de ma part; mais vous n'avez rien eu
dans toute cette folie qu'un dessein formé de
m'insulter; vous êtes un monstre à mes yeux;
retirez votre argent; je vais vous rendre votre
reconnoissance: apprenez qu'une femme comme moi, n'est point une femme ordinaire; que
vous lui devez du respect, & que chaque parole
doit être un hommage que vous lui rendiez;
retirez-vous, Monsieur; sinon je suis femme à
vous jetter moi-même par les fenêtres.

M. *Ruinard* fut faifi de frayeut en entendant ces expreffions auxquelles il n'etoit point accoutumé : craignant encore davantage la perte de fon adjudication, que Madame d'*Ul*..... ne lui rendoit point, fçachant qu'il avoit befoin de fon défiftement pour en être véritablement propriétaire, & encore qu'il falloit que ce défiftement fût une piece fecrette, pour-lors il changea de difcours, fe jatte aux pieds de ma mere, lui demanda mille pardons, & offrit douze mille livres.

Raffurez-vous, lui dit Madame d'*Ul*.... : raffurez-vous, Monfieur ; je ne prétends pas vous faire de tort ; j'ai répondu comme je le devois à votre difcours outrageant, que votre paffion d'avarice vous a dicté; ainfi, Monfieur, reprenez vos droits ; je ne veux ni de votre argent, ni de votre amour. Le malheureux Procureur accablé de ce défintéreffement, qui ne fuffifoit pas à fes vues, n'ofoit lui demander de terminer fa générofité par un défiftement ; il aima mieux prendre la voie de l'accommodement, & infifta encore en fe rejettant à fes genoux. Eh bien ! Madame, lui dit-il, je vous offre 24 mille liv. fi vous voulez me rendre mes papiers, & me déclarer Propriétaire par un acte que vous fignerez, acte que

j'ai

j'ai préparé & qui est joint à mes expéditions,
pourvu encore que vous vouliez bien me tenir le
secret, & que j'agisse pendant quelque tems sous
votre nom.

Madame d'*Ul.....* parut se fâcher tout de bon,
se mit en colere, & le rebutant avec indignation, lui dit : souvenez-vous, Monsieur, que
vous m'insultez encore : je vous avois pardon-
né ; mais votre résistance m'outrage. Pardon,
Madame, Reprit M. *Ruinard*, pardon ! Ecoutez-moi ; rendez-moi donc mes papiers, & puis
je verrai ce que je pourrai faire. Je n'ai point de
papiers à vous, Monsieur, lui répliqua ma mere ;
vous m'avez remis ce qui m'appartenoit ; & si
vous ne vous retirez je vais faire une esclandre
qui vous sera funeste.

Le pauvre Procureur, consterné, confus, &
vraiment ruiné par cet évenement qu'il étoit
dans l'obligation de taire encore lui-même, se
releva & alla se mettre dans un coin de la chambre en pleurant de tout son cœur de la perte de
son industrie.

La Dame d'*Ul....* parut satisfaite ; cependant, après l'avoir laissé un instant se lamen-
ter, elle lui dit : M. *Ruinard*, je ne veux en
vérité pas vous perdre : vous êtes un bon hom-

H

me, mais trop injuste..... M. *Ruinard* l'interrompit, à ce discours si flatteur ; & croyant
qu'il étoit tems de tirer parti de sa douceur,
il lui dit en s'approchant d'elle, & d'un ton
de voix entrecoupé de sanglots : tenez, Madame, tenez : je me mets à votre discrétion ; faites ce que vous voudrez de moi. J'ai tort,
je l'avoue ; mais à tout péché miséricorde. Je
vous ai déclaré avoir cent mille francs d'argent comptant ; je vais les partager avec vous,
soyons amis, ma chere Madame d'*Ul*...., &
que tout ceci se passe dans le silence.

A cette proposition ma mere se radoucit
entierement, essuya les larmes des yeux de M.
Ruinard, & en tarit la source par des caresses. Ce
n'est pas votre argent que je désire, lui dit-elle,
mais de changer votre cœur, & de faire de
vous un de ces hommes galants, dont on puisse prononcer le nom avec décence. Vous sçavez mon état ? je vous l'ai dit ; votre avarice
a manqué de vous perdre ; qu'un effort de
générosité repare tout ; c'est à ce titre que je
veux bien vous rendre mon amitié. A ce dou-
cereux langage, mon Procureur reprit la vie ;
il s'élança sur ma mere, & lui tenant dans ses
mains la tête qu'il embrassoit de tout son cœur,

il se disposa enfin à rentrer dans ses bonnes
graces : en effet , Il se remit auprès de ma
mere. Dès qu'il y fut , ma mere lui dit : Monsieur , Madame *Ruinard* peut rentrer , & nous
n'aurions plus le tems de finir nos affaires :
croyez-moi , allez chercher votre argent , &
dépêchez-vous ; nous signerons , quand nous
serons levés.

M. *Ruinard* enchanté de ces derniers mots
se leva pour la troisiéme fois , & alla à son
coffre fort prendre la moitié de son trésor ,
qu'il apporta à plusieurs reprises ; a chacune
desquelles Madame d'*Ul......* se relevoit pour
le serrer. Quand cette opération fut faite , M.
Ruinard ne pensa plus à retourner au lit ? mais
il la pria de se lever pour voir avec lui les
papiers qu'elle devoit signer. Madame d'*Ul....*
s'en rapporta à ce que M. *Ruinard* avoit écrit ,
& lui dit : je me fie , Monsieur , à votre bonne
foi ! Apportez-moi votre acte je vais le signer.
M. *Ruinard* , à qui ma mere avoit dit l'endroit où étoient ces papiers dans sa commode , les prit , les lui porta , & Madame d'*Ul...*
signa. Cette expédition faite , M. *Ruinard*
bien contant , ne pensa plus à ses amours ,
laissa ma mere tranquille , & descendit à son

cabinet. Quelque regret qu'il eût à son argent, ce regret fut suspendu par la réussite de ses desseins.

Madame d'*Ul*.... ne vit pas plutôt M. *Ruinard* sorti, qu'elle se leva & vint dans ma chambre, riant de tout son cœur du tour qu'elle avoit si bien jouée à M. *Ruinard*. Tiens, ma fille, vois-tu bien cet argent ? voilà mon premier tour depuis que je suis grosse Dame : cela ne vaut-il pas mieux que d'avoir affaire à ces petites gens, qui nous deshonorent, en achetant à vil prix nos faveurs. C'est pour toi, oui, c'est pour toi, ma chere enfant ! c'est pour ton éducation que je joue tous ces ressorts. Quand tu seras plus grande, je me fonde sur toi pour achever notre fortune. Je sentois du plaisir à me former un avant-goût d'une nouvelle éducation ; mais mon cœur désavouoit ces tours d'adresse, qui sont autant de bassesses qui tiennent de l'ignominie. Combien de prudes qui jouent, ou qui seroient charmées de jouer le même rôle ! Je ne contredis Madame d'*Ul*.... en aucune des circonstances de sa morale ; je la laissai serrer son argent dans un coffre qui étoit dans ma chambre, fermé à double cadenas, & je me remis à mon ouvrage, sur lequel j'étois appliquée depuis sept heures du matin. Que de choses m'avoient échappé! Mais ce qui m'étoit échappé, ma mere eut soin de me le bien circonstancier.

Cependant il étoit près d'une heure : M. d'*Ul*...... qui avoit promis de nous donner cette journée, ne revenoit point diner; l'heure se passoit : Madame d'*Ul*....... & moi avions grand appétit; cependant il nous fallut attendre. Ma mere n'étoit point jalouse; de sorte que son mari pouvoit prendre avec Madame *Ruinard* tout le tems & tout le plaisir qu'ils jugeroient convenables.

A près de deux heures M. *Ruinard* entra, & dit que, puisque Madame *Ruinard* ne revenoit pas, il avoit donné ordre qu'on apportât son dîner ici, qu'il le joindroit au nôtre: ma mere accepta avec plaisir la proposition ; elle envoya chercher une entrée à la Clef d'argent, qui ne lui coûta que 20 sous, & M. *Ruinard* ajouta une poularde ; de sorte que nous dinames à merveille. voilà qui est bien ! dit Madame d'*Ul*...... quand elle vit la poularde ; voilà qui est bien, M. *Ruinard* ! Je ferai de vous quelque chose : il ne nous manque plus que du vin de saint Laurent & du ratafiat.

H iij

A propos de cela, continua t'elle, M. *Rui-*
nard, vous devriez bien m'en donner quelques
bouteilles. M. *Ruinard*, flatté de se trouver
un galant à la mode, descendit, fit apporter
une demi-douzaine de bouteilles de chaque
espece, dont il nous fit présent.

A mon êge, à près de dix ans, je commençois à réflechir, vous en avez vu quelques prémices ; *ce n'étoit ni à la géographie,*
ni à la cosmographié, ni à la lune, ni au so-
leil, ni aux végétaux, ni aux reseaux dorés de
la belle Nature ; mais à mon propre cœur, mais
à ma propre intelligence. Je savois que j'éxis-
tois indépendamment des élemens d'Euclide,
& je regardois en pitié ce pauvre sot, qui se
ruinoit en aimant une femme qui le jouoit :
je voyoit avec pitié que cet homme ne con-
noîtroit son erreur, que plongé dans quelque
désastre, dont il n'y auroit plus d'issue.

Après le dîner, je me retirai dans ma chambre, pour m'occuper de ma petite vanité, &
travailler à l'augmenter de toutes mes forces.
Ma retraite laissa libres Madame d'*Ul......*
& M. *Ruinard*, qui ravi de se trouver seul
avec ma mere, ne pensoit déjà plus à ce qui
s'étoit passé le matin ; il avoit ce qu'il sou-

haitoit, l'argent étoit payé, tout étoit dit de
ce côté ; mais dans la conversation qu'ils tin-
rent ensemble , mon Procureur se ressouvînt
de son amour ; il l'exalta avec une volubilité
& une extase si prodigieuses que ma mere consentit enfin à lui promettre ce qu'il désiroit
d'elle : il n'étoit plus question que de prendre le premier jour de la sortie de sa femme.
Si M. d'*Ul*...... aime Madame *Ruinard* ,
disoit-il à sa chere maîtresse , ils renoueront
leurs parties : je connois l'humeur de Madame
Ruinard ; elle ne sera pas femme à s'en tenir
à une unique journée : laissons-les faire ; ré-
jouissons-nous à son arrivée , & ne faisons
semblant de rien.

Notre Amoureux en étoit à cette explication , quand ils entendirent un carrosse à la
porte ; ils regarderent par la fenêtre , & voyant
descendre M. d'*Ul*...... & Madame *Ruinard* ,
M. *Ruinard* leur fit signe de monter tout de
suite à l'appartement de Madame d'*Ul*.... ce
qu'ils firent avec de grands témoignage d'amitié , suite du plaisir qu'ils avoient eu pendant
la journée. Ce ne fut pendant long-tems que
de grands éloges sur la générosité de M. d'*Ul*....
sur les plaisirs qu'ils avoient eus , & sur la

bonne compagnie , qu'on lui avoit donnée ;
bref , l'éloge de M. d'*Ul*.... ne finit que par
la propofition qu'il fit , de fouper tous enfemble pour terminer la journée. Madame d'*Ul*....
approuva la propofition. M. *Ruinard* fut de
la plus belle humeur du monde ; & pour la
premiere fois , en compagnie , il embraffa fa
femme de tout fon cœur.

Madame *Ruinard* , voyant cette gaité ré-
pandue fur tous les mouvemens de M. *Ruinard* , lui dit : mon cher mari , ce n'eft pas
pour cette fois feule que je dois me divertir ;
nous fommes invités pour après demain chez
une Dame avec laquelle nous avons dîné , qui
eft la plus aimable femme du monde. La
compagnie en eft priée , je fuis chargée de
cette commiffion , & je m'en acquitte avec
plaifir. M. *Ruinard* protefta qu'il ne pouvoit
en être ; Madame d'*Ul*.... fe retrancha fur
fon affaire ; tout le monde fut content.

M. d'*Ul*...... avoit envoyé ordonner le
fouper à la Clef d'argent : à l'heure indiquée ,
le fouper arrive , on fe met à table ; toute la
compagnie de la plus belle humeur du monde
fut charmante. Le deffert arrivé , Madame
Ruinard demande la clef à fon mari pour avoir

des liqueurs ; M. *Ruinard* la donne : elle def-
cend , vifite l'armoire d'en-bas , prend des facs
à plufieurs reprifes , & rapporte des liqueurs.
Madame *Ruinard* s'apperçut bien que le tas des
fonds étoit diminué ; mais elle fçavoit que l'acquifition de la maifon avoit fait dépenfer bien
de l'argent à fon mari ; elle fçavoit auffi que
ces débourfés feroient bientôt remplacés : de
façon qu'elle ne fut point allarmée de ce défaut.
M. *Ruinard* s'étoit bien empêché de parler du
préfent de liqueurs qu'il avoit fait à Madame
d'*Ul.....* Madame *Ruinard* n'y prit pas garde ;
d'ailleurs c'étoient des préfens de cliens qui fe
renouvelloient de tems en tems : de forte que ,
quand elle auroit vû dans l'armoire une dimi-
nution d'une douzaine de ces bouteilles , elle
n'auroit point été femme à s'en formalifer.

Vous jugez comme la bande joyeufe fe tint
à table , & comment elle en fortit ; c'eft-à-
dire , avec la plus grande joie du monde. M.
d'*Ul.....* refta à coucher avec fa femme ;
je crois que la nuit fut entiérement employée
à bien dormir de part & d'autre. Le lendemain M. d'*Ul.....* fortit de fort bonne heure ,
& ma mere s'occupa du travail de nos emplettes ; il faut l'avouer , elle ne reftois jamais

dans l'inaction. Je ne doute point qu'elle ne s'occupât de ſon tréſor , & des moyens de l'augmenter. Un ſi heureux commencement, & auſſi riant , ne pouvoit que lui procurer des idées brillantes , & des moyens avantageux.

Le lendemain , les affections du cœur ſe reprirent. Madame *Ruinard* étoit ſortie de bonne heure pour ſa partie de plaiſir avec M. d'*Ul*....; & de peur d'être ſurpriſe pendant ſon abſence, elle avoit eu ſoin de ſe munir de tout l'argent qu'elle avoit mis à l'écart , pour le dépoſer entre les mains de ſon cher Amant. Ce qu'ils ſe dirent , ce qu'ils firent , pendant le tems qu'ils ſe ſont vus , c'eſt ce que je n'ai jamais ſçu ; quant à l'argent , ma mere en eut de vio- lens ſoupçons, ſur des aveux indiſcrets que lui en fit mon pere , dans les circonſtances où nous nous ſommes trouvés.

M. *Ruinard* , profitant de la ſortie de ſa femme , ſe crut en pleine liberté ; il monta ſur le champ dans l'appartement de Madame d'*Ul*..... qui étoit préparée à le recevoir , & qui avoit employé à ſa réception tous les agré- mens qu'elle avoit pu inventer ; car cette fois- ci elle avoit prémédité un coup d'état. Dès que M. *Ruinard* fut auprès de ſa chere mai-

treffe , il lui vanta fa conftance , & lui avoua
que pour la premiere fois de fa vie , fon *tantinet*
d'avarice s'étoit évanoui dans le feu de fon
amour. S'il avoit trouvé Madame d'*Ul*......
charmante dans fon deshabillé , il la trouva
adorable dans fon lit ; c'étoit une Vénus au
fein de la gloire. Madame d'*Ul*....., que les
éloges n'éblouiffoient pas , donna le tems à la
fermentation des feux de fon galant Procureur,
mais ne lui permit encore aucune familiarité;
elle fe défendit avec adreffe. Mon impatient
Procureur ne fçavoit point encore quel but
pouvoit avoir cette réfiftance , qui lui annonçoit
cependant une victoire prochaine ; il ne tarda
pas à en être inftruit. Monfieur , lui dit-elle ,
fi je n'envifageois que moi , il y auroit long-
tems que j'aurois fuccombé à votre amour :
mais j'ai une fille à pourvoir , j'ai un mari à
foutenir ; on parle de guerre , & je vous avoue
que je fuis dans un chagrin mortel de ces nouvelle ; car enfin vous êtes plus mon ami que
mon Amant ; je ne peux trop avoir de confiance en vous. Je vous préviens donc que
vous avez un Rival que j'ai toujours refufé ,
& encore plus , depuis que je vous ai vu : elle
dit ces mots avec une certaine rougeur *pudibonde,*

dont M. *Ruinard* s'apperçut avec un plaiſir
inconcevable. Je ſortis hier, continua-t-elle,
j'allai voir une de mes amies, qui ne ſçavoit
où je demeurois depuis que je ſuis ici, chez
laquelle j'ai rencontré cet Amant paſſionné ;
nous avons cauſé de choſe & d'autre : mais
je voyois à ſes yeux qu'il me demandoit un
rendez-vous ; je ſuis ſortie, en prenant congé
de mon amie : ce jeune homme m'a ſuivi, &
m'a tenu ce diſcours : Je ſçais, Madame, les
honneurs dont M. d'*Ul*.... eſt favoriſé, que
préſentement vous avez beſoin de beaucoup
de dépenſe ; je voudrois être en état de vous
offrir tout ce qui vous ſeroit néceſſaire : j'ai
mis à l'écart des billets nouveaux pour 1500.
liv. de rente : je vous les offre, Madame, &
je vous prie de me regarder comme le meilleur de vos amis & le plus tendre de vos
courtiſans. J'ai traité cette affaire avec dé-
ſintéreſſement, cependant ſans vouloir l'éloigner, en attendant que je puiſſe en conférer avec vous : je n'aime point les jeunes gens,
& je vous aime, Monſieur : voilà une préférence dont je crois que vous me ſçaurez gré.
Aſſurément, Madame, lui dit M. *Ruinard* :
un freluquet, un Petit-Maître oſera l'empor-

ter fur moi ! Eh bien ! Madame , tranquilli-
fez-vous, je vais vous en remettre pour trois
mille liv. de rente , dont vous ferez t l ufage que bon vous femblera : j'ai tiré cette fomme d'un de mes cliens , qui n'avoit pas de
quoi en payer une de deux mille liv. qu'il me
devoit ; je lui ai rendu fervice , & je fuis charmé que ces billets tombent en de fi bonnes
mains. Pour preuve que M. *Ruinard* parloit de
l'abondance du cœur , c'eft qu'il alla fur le
champ chercher ces billets , & les remit à
Madame d'*Ul*..... Madame d'*Ul*.... frappée de
cet excès de générofité , ne balança point à les
accepter ; elle tiroit la raifon de ce don fi peu
attendu , de l'amour exceffif de fon Procureur ;
elle étoit bien éloignée du but. Le véritable
étoit , que les nouvelles d'une guerre prochaine
avoient donné un coup mortel à la circulation
de ces billets , de façon qu'il les regardoit ,
comme on regarde les billets de l'ancienne
banque. Il fe trouvoit donc enchanté d'en être
quitte à fi bon compte. Ma mere , qui apprit
le lendemain la chûte de ces billets , fut raf-
furée par quelqu'un de bon fens qui lui dit
qu'il en avoit pour cent mille écus , dont il
ne fe déferoit pas ; que fi elle vouloit l'accom-

moder des siens sur le pied de la place , il alloit lui en escompter l'argent ; il n'y a qu'à attendre , lui dit-il : ces bruits de guerre ne sont nullement appuyés ; & dans six mois , ou un an , je compte gagner beaucoup sur tout ce que j'ai acheté de la part des gens peureux ou qui sont dans le besoin.

Ma mere en effet rassurée , suivit ce conseil & s'en trouva bien. Je reviens à M. *Ruinard* , qui paya bien par la suite le principal & les intéréts de ces billets , en attendant qu'ils pussent recouvrir leur valeur. Madame d'*Ul.....* ayant pris ses papiers , les serra dans ses poches , & accorda à M. *Ruinard* tout ce qu'il lui demanda , ou tout ce qu'il avoit acheté au-delà de sa valeur.

Ce commerce entr'eux continua pendant une couple d'années , pendant lequel tems M. *Ruinard* , bien loin d'établir sa fortune , la ruina , au point qu'il ne lui resta que son Office de Procureur & sa maison. M. *Ruinard* s'apperçut , mais trop tard , que sa femme *faisoit des siennes*; mais enfin il n'y avoit pas moyen de l'en empêcher : heureusement pour lui que M. d'*Ul...* trois ans après fut obligé d'aller à l'armée. La guerre fut déclarée dans les formes ; il fut bles-

fé à la premiere campagne, & obtint les Invalides en qualité de Lieutenant : fa bleffure guérie,
il fut dans la fuite détaché fur les frontieres en
qualité de Capitaine, où nous le laifferons jufqu'à fon retour, qui n'arriva que plus de dix ans
après, mais ne prévenons point les tems.

Dans l'efpace de fix mois, à dater depuis
notre entrée chez M. *Ruinard*, M. & Madame
d'*Ul*...., dont l'induftrie amoureufe avoit garni
les fonds, s'appliquerent à fe mettre fur le bon
ton, & à amener compagnie chez eux : on y
jouoit, on m'apprit à jouer ; c'étoit pour-lors
fur moi que rouloient les plus vives efpérances :
il fallut me mettre fur le ton de pouvoir les rendre fructueufes. J'avois pour lors près de douze
ans, & je me formois à vue d'œil.

Ma mere, qui avoit cuifiniere & laquais,
voulut me faire élever convenáblement ; & mon
éducation devoit être fur le compte des finances
de M. d'*Ul*.... C'étoit lui qui vouloit me donner
cette éducation, & la convention étoit que ce
feroit lui qui fourniroit aux dépenfes. Mon pere
n'avoit que des vues fages, ma mere n'en avoit
que de criminelles ; la fuite va vous les développer. On me donna donc Maître à danfer,
Maître de mufique, Maître d'hiftoire, enfin

Maîtres de toutes les especes, tels qu'on les donne aux filles légitimes, & du beau monde,
qui toutes navigent dans le fleuve du *Tendre*.
J'y fis en moins de fix mois un avancement
confidérable. Toutes ces douces, ces fainéan-
tes, je peux dire même, ces voluptueufes occupations auxquelles on livre la jeuneffe, me flat-
toient agréablement ; j'y mis toute mon attention & toute mon application. On m'enleva
toute connoiffance d'un ménage, toute application à l'utile, & par grace, on m'accordoit
la broderie, encore la broderie la plus lefte &
la plus galante, & qui convenoit parfaitement
à l'état de fille de *Comteffe*, telle que j'allois
bien-tôt l'être. L'année fuivante on me mit
encore au-deffus de mon état préfent par les
ajuftemens, & je commençai, l'année d'a-
près, à hanter les Spectacles, les promenades
publiques, les cercles brillants, & les bals de
l'Opera.

Les compagnies ordinaires commencerent à
me déplaire ; Madame d'*Ul*..... s'en apperçut ;
voyant la nobleffe de mes fentimens, elle ne
chercha qu'à les appuyer, que dis-je ? à les enflammer. Il n'eft pas tems, me difoit-elle, de
tenir le rang que M. d'*Ul*.... mérite ; fi jamais

il

il peut parvenir à être Capitaine, pour-lors nous ne ménagerons plus rien ; nous serons en état de faire valoir notre fortune , & notre nom. Ce fut dans ces converſations qu'elle me bâtit l'hiſtoire de l'Ecoſſe , & du nom illuſtre que portoit ſon mari. Je donnois dans ces panneaux ; mon amour-propre l'écoutoit avidement ; & l'amour-propre triomphe toujours.

Pendant tous ce laps de tems , ma mere faiſoit ſans ceſſe de nouvelles connoiſſances , & tiroit de nouveaux tributs de ſes charmes , dont elle dépenſoit très-peu. J'atteignois inſenſiblement l'âge de treize à quatorze ans. Ma mere voyoit avec plaiſir , que le terme de la Nature alloit éclore. Dans ce tems la guerre fut déclarée , & M. d'*Ul*.... partit , en lui laiſſant les eſpeces que ſon induſtrie avoit fait valoir pendant cette durée de tems. Ce fut pour lors que ma mere ſe trouva entiérement libre , & moi ſoumiſe à ſon empire. Quelque tems après le départ de M. d'*Ul*. on apprit qu'il avoit été bleſſé à l'attaque de la Ville de ***. Si elle fut ſenſible à cet accident , elle le fut davantage en apprenant que ſon mérite lui avoit fait donner la Croix de Saint Louis & le grade de Lieutenat aux Invalides. A cette nouvelle , Madame d'*Ul*.... fut ſi

extafiée, qu'elle vint comme une folle me lire
la lettre de M. d'Ul....; c'eft donc à préfent me
dit-elle, que la Comteffe d'Ul.... ne fera plus
Margot des Pelotons....; elle débita mille autres
impertinences, après lefquelles elle me lut la
lettre de fon époux: j'en fus pénétrée de joie en
mon particulier, & je commençai à établir ma
vanité fur des fondemens un peu plus folides.
Mon pere revint du camp pour achever de fe
guérir: on l'avoit dabord condamné comme un
homme eftropié pour le refte de fes jours; mais
tranfporté aux Invalides, où il étoit recommandé,
on eut tant de foin de lui, que non-feulement
il fut rétabli en peu de tems, mais encore qu'il
n'y parut pas. Vous jugez bien quels embraffe-
mens M. d'Ul.... nous fit; je l'avoue, il m'aimoit avec tendreffe, & je voyois fouvent qu'il
étoit fâché de me voir fous l'empire d'une femme
dont il fçavoit très-bien les intentions. J'ai fçu
même depuis, & par lui-même, qu'il n'ignoroit
point la conduite de ma mere; mais il s'étoit accommodé au tems, comme bien d'autres maris,
& trouvoit qu'il falloit fe fonder un établiffement fur l'induftrie la plus à la mode, & la plus
commode; c'étoit même pour la laiffer plus
librement fonder cet établiffement, qu'il ne

demeuroit point avec elle , & que même ; quoiqu'il fût le maître de revenir chez lui , & d'a-
bandonner l'Hôtel des Invalides , il n'en voulut
jamais rien faire.

Sa guérison opérée , il sollicita une commis-
sion pour avoir un détachement : la guerre con-
tinuoit ; il fut des premiers placé sur la frontiere ,
avec le grade de Capitaine. L'hiver qui précé-
doit l'année de son détachement , il avoit chez
lui nombre d'Officiers , avec lesquels il avoit
servi la campagne derniere , qui se faisoient
honneur de prendre part à ses blessures , après
en avoir pris à sa gloire.

Parmi ces Officiers , j'en remarquai un entr'autres qui avoit souvent les yeux fixés sur moi ,
& qui saisissoit toutes les occasions qu'il trouvoit
pour me prouver que j'étois à son gré : cet Officier pouvoit bien avoir trente ans , d'un nom
connu , bon Gentilhomme , mais peu fortuné ;
il avoit assez de l'air de M. d'*Ul*..... ; sa
conduite sage & posée me le fit remarquer ;
je m'attachois même à lui par cet unique rapport de sympathie : il se nommoit M. le Chevalier *du Catel.* Quand il s'apperçut que je me
familiarisois avec lui plus qu'avec les autres , il
fit sa cour à M. d'*Ul*.... & à Madame son épouse,

demanda permission de voir quelquefois la belle *Junon*. M. d'*Ul*.... voulant profiter de l'honneur qu'il nous faisoit, le lui promit; la vanité de ma mere d'avoir chez elle un homme de condition, ne lui permit pas de lui refuser notre appartement; il nous reconduisit dans son carosse, il monte avec nous, & nous tient compagnie. Ma mere l'engage à souper; il reste, on me fait chanter, voilà mon Chevalier amoureux, mais amoureux fou; M. le Chevalier revient deux fois, trois fois, à différens intervalles, fait sa cour à mon pere, la fait à ma mere; il se croit en droit de parler; il s'adresse à Madame d'*Ul*...., & lui fait des propositions, mais des propositions d'épouser. Ce mot *épouser* irrite la cervelle de ma mere, parce qu'elle n'étoit point préparée à me marier sitôt; il falloit des avant-coureurs, qui pussent me prodiguer une fortune qui fût la porte de l'hyménée. Aussi répondit-elle au Chevalier, que son intention n'étoit point de me marier si jeune, & qu'elle le prioit de ne point penser à sa fille sur ce ton.

M. *du Catel* s'apperçut que la conduite de ma mere n'étoit nullement une conduite des plus sages; il s'apperçut de plus, que Madame *d'Ul....* auroit souhaité que ses vues se fussent tournées de son côté ; & bientôt à force de réfléchir, il comprit que cette femme auroit préféré un engagement d'intérêt avec sa fille, pour préluder à un hyménée éloigné. M. *du Catel* ayant fait toutes ses réflexions, voulut sonder le terrein, & s'adressant à Madame *d'Ul....* sous le spécieux prétexte d'un épanchement de cœur, il lui dit qu'il n'étoit pas d'humeur de se marier ; que depuis long-tems il avoit trouvé des partis avantageux ; mais que la crainte du joug l'avoit toujours arrêté ; si donc, reprit-il, je vous ai parlé de mon amour pour Madamoiselle votre fille, c'étoit plutôt pour sonder votre cœur & voir ce qui s'y passoit à mon égard. Quoi ! Monsieur, lui dit-elle à son tour, vous faites le badin, je crois, avec moi ! Je ne suis ni jeune ni jolie ; & vous voudriez me persuader que c'est à moi que s'adressent vos vœux ! je ne le puis croire. En vérité, Madame, il n'y a rien de si vrai, que ce que je viens de vous dire, lui répartit le Chevalier : je suis devenu amoureux dès la première fois que je vous ai vue ; voyez, si votre cœur panche un peu en ma faveur, à vous décider. Ma mere prit ce discours en plaisantant, & fit cesser cette premiere conversation.

Madame d'*Ul....* n'étoit point femme à en demeurer-là ; mais elle étoit fort aise de connoître le Chevalier, & de sçavoir a quel prix elle mettroit cet amour d'un Chevalier Militaire. Elle ne sçavoit point comment elle devoit parler dans cette circonstance, ni quelle route tenir pour lui enlever sa fortune : dans cet embarras d'esprit, elle s'adressa à M. d'*Ul....* pour sçavoir qui il étoit ; quelle étoit sa famille, & bien plus, quelle étoit sa fortune.

En effet, un jour que Madame d'*Ul....* trouva M. d*Ul....* seul, elle lui tint ce discours : Je suis obligé de vous prévenir que le Chevalier *du Catel* aime *Junon* ; il m'a fait part de son amour, & que le but en étoit légitime ; mais je ne le connois point assez pour me déterminer. Je vous en fais donc part, afin que vous délibériez sur la conduite que vous avez à tenir. M. d'*Ul....* lui répartit d'une façon très-sensée : Je connois, lui dit-il, le Chevalier *du Catel*, qui est un bon Gentilhomme, mais très-peu pourvû des biens de la fortune ; je sçais qu'il a une tante fort riche avec laquelle il est très-bien ; je crois même qu'il espere avec quelque fondement sa succession ; mais enfin tout cela est encore dans un avenir éloigné , autant qu'il est incertain : je ne pense point que *Junon* s'attache à lui , il est trop âgé pour elle ; d'ailleurs je ne crois point qu'elle ait encore senti les premieres atteintes de l'amour ; de ce côté je ne crois point qu'il soit nécessaire de penser à ce mariage ; mais si d'un autre nous réfléchissons à l'état où nous sommes , j'ai lieu de me persuader que la famille & sur-tout la tante de *du Catel* s'y opposera. Je serois fâché de me trouver la risée de cette famille , & que notre fille fût en bute aux traits de la critique. Je vous passe , continua-t-il , d'autres raisons encore plus fortes que celles dont je vous préviens ; vous les sçavez aussi-bien que moi : ainsi pour me résumer , je crois qu'il vous convient de répondre à cet excellent Officier , que nous ne sommes point dans le cas de disposer de notre fille , avant qu'elle-même ait la raison de pouvoir disposer d'elle.

Madame d'*Ul*..... charmée de ces découvertes , en fit usage ; voyant que l'amour du Chevalier ne pouvoit lui être profitable , elle répondit à ses fausses déclarations par un maintien grave , un discours sec , qui sembla l'é-

loigner de la maison , mais qui ne l'éloi-
gna que d'elle. Il y avoit déjà du tems
que ma mere pensoit à me livrer à quelqu'autre ; j'étois dans l'âge , où le tarif est
à son plus haut dégré ; mais elle vouloit
que ce quelqu'un fût dans le pouvoir d'y
mettre le haut prix où elle prétendoit at-
teindre.

Le Cheva'ier *du Catel* , qui ne parloit plus à
ma mere d'amour, ne cessoit de *m'adorer* ,
(ce terme-là est du bel esprit) ; il venoit encore assez souvent à la maison ; mais il ne m'y
trouvoit jamais seule : un jour ma mere m'annonça la visite de Monsieur *Vilhomme* , fils
d'un Fermier Général , & qui avoit déjà la
survivance de son pere. Ce jeune homme, ainsi
que moi , se sentoit encore de sa premiere éducation; il regnoit dans lui un mélange d'obscurité & de haute vanité ; & il étoit le singe des
minauderies de ma mere ; il étoit riche, son
pere lui donnoit abondamment ce qui étoit
utile à ses plaisirs, & il le dépensoit avec la
même facilité; il jouissoit outre cela de la part
de son pere dans les saisies & confiscation ,
dont il ne faisoit grace à personne, du revenu
de la feuille des commissions qui étoient dans

le district du département de son pere ; c'est à
dire qu'il avoit, quoiqu'en survivance, une
des plus fortes portions du revenu de la ferme ; d'ailleurs assez bien fait de sa personne:
ma mere m'ajouta que c'étoit le bon papa
d'Outremer, Banquier, qui venoit lui faire sa
cour, qui devoit le présenter ; elle me recom-
manda de le voir, de l'aimer & de répondre
à ses carresses. Que cette femme connoissoit
mal notre sexe! l'ordre d'une mere fut-il jamais un piége pour fixer l'amour d'une jeune
fille ?

Le jeune *Vilhomme* parut dans la journée,
je le détestois déjà dans mon cœur ; sa vue me
fit horreur. Ce fut bien pis, quand il voulut
me contrefaire le bel esprit, & me peindre
son amour, sur le ton du *vernis*, du *goût* &
du *coloris* ; il *s'extasia* en m'abordant ; j'étois
seule pour lors dans ma petite chambre à m'occuper ; que vois-je ? dit-il d'un ton froidement
animé : quel *vernis* sur ces aimables joues ! quel
coloris dans ces traits naissans ! quel *goût* la Nature a-t-elle répandu sur toute cette riante physionomie ! & en gesticulant avec des contorsions
étudiées dans les coulisses de l'Opera, il voulut
sauter à mon cou & m'embrasser. Je le repous-

sai avec décence, & lui dis : Monsieur , ce
n'est point ici où il me convient de recevoir
de pareils complimens ; entrons dans la chambre où est la compagnie ; je prierai ma mere
de répondre pour moi ; car je vous l'avoue ,
je n'entends rien à vos belles expressions ; &
prenant avec moi l'ouvrage auquel il m'avoit
surpris attachée , je sortis , & il me suivit.
Mon jeune Général , (c'est ainsi que ma mere
l'appelloit par abréviation , (fut fort étourdi
de ma saillie ; ne sçachant comment y répondre , il alla se plaindre à ma mere en termes
qui me firent juger qu'ils se connoissoient déjà.
Ma mere prenant son air grave , me défendit
de répliquer de cette façon ; que M. *Vilhomme* me faisoit trop d'honneur , & qu'elle entendoit être obéie. Frappée de cette réplique ,
je lui jettai un regard furieux , à ce que j'ai
appris depuis , & quittant la compagnie , je
retournai dans ma chambre.

La paix se fit sans doute entr'eux par la
médiation de Monsieur *d'Outremer* , & nos
deux enchérisseurs se raccommoderent. Mon
petit Général , à qui j'avois donné dans l'œil ,
fut aisé à la réconciliation ; il devint éperdument amoureux de moi ; c'étoit justement ce

que ma mere souhaitoit ; elle étoit même enchantée de ma brusquerie, qui l'aideroit encore
plus à hausser le prix du marché.

J'avois pour lors quinze ans, & j'avois une
figure capable d'en enflâmer bien d'autres ;
mais mon cœur nétoit ni banal ni avare ; il
fallut attendre l'instant de sa décision. J'étois
furieuse des discours de ma mere ; j'en pleu-
rois de rage, je ne voulus point souper, &
m'allai coucher. Le lendemain, je m'attendois
que ma mere viendroit me trouver, & je
comptois lui répondre ; elle avoit des affaires
sans doute plus intéressantes, car elle sortit de
bon matin & ne revint qu'au soir. J'ai appris
depuis, qu'elle avoit une partie liée chez M.
d'Outremer, auquel elle survendoit les debris
de sa jeunesse : cet homme n'étoit nullement
délicat ; pouvoit-il être autrement ? il avoit à
bon compte au moins soixante & dix ans ; il
avoit été sage pendant sa jeunesse entiere ; mais
par un caprice imprévu de la bisarre Nature,
après avoir rempli son coffre-fort, il étoit devenu amoureux. C'est ainsi que la Nature semble se jouer de ceux qui la méprisent pour
s'être occupés de passions différentes de celles
qu'elle indique : on ne la brave jamais impu-

nément : j'ai fçu même que le petit Général devoit être de la partie de dîner , & que ce fut à ce rendez-vous où le marché fe fit. Il n'étoit pas queſtion de moins que de cent mille livres pour ma mere , fans le préfent qui devoit être pour moi.

Ce jour même , jour le plus cher à mon cœur , & que je ne dois jamais oublier ; (heureuſe ſi j'avois ſçu profiter des évenemens qui en furent la ſuite !) le Chevalier *du Catel* entra , & ne trouvant perſonne dans la chambre de ma mere , il pénétra juſques dans mon réduit , oû il me vit les yeux encore rouges des pleurs que j'avois verſés , & la figure dans un délabrement & un négligé qui marquoit trop le déſordre de mon ame. Qu'avez-vous , belle enfant , me dit le Chevalier ? comme vous êtes changée ! je ne haïſſois pas Monſieur *du Catel* , il s'en falloit de beaucoup ; je l'eſtimois , mais je ne l'aimois point. Aſſeyez-vous , Monſieur le Chevalier , lui dis-je ; vous me trouvez changée , & vous avez raiſon; depuis hier dîner je n'ai pris qu'un bouillon ; j'ai des chagrins qui ſurpaſſent tout ce que vous pouvez concevoir ; j'ai déjà confiance en vous , je compte ſur vos conſeils , & ſur votre difcrétion. Vous connoiffez ma mere, mais vous ignorez fon caractere ; je vais vous le peindre ; je fis en effet cette peinture avec le pinceau le plus naturel ; de-là je conduifis ma période à l'aventure de la veille ; j'accompagnai ce récit des réflexions analogues au caractere que je dépeignois. Monfieur *du Catel* furpris de ma naïvété, fut effrayé de tout ce que je lui difois : ah ! ma chere enfant ! me dit-il, je ne fuis plus furpris de ce qui m'eft arrivé ; je vais vous en faire part à mon tour. Je vous aime, que dis-je ? je vous *adore* ; je vous ai demandé en mariage à Madame votre mere ; elle s'eft informée de moi, & à fçu que je n'étois nullement fortuné ; que j'avois feulement des efpérances, mais efpérances qui peuvent s'évanouir : cependant j'ai affez de quoi me foutenir, & faire vivre médiocrement une femme que j'aimerois. Votre mere ainfi inftruite m'a fait fentir par fes refus que je n'étois point fon fait : de mon côté, voyant que je ne pouvois venir à bout de mon deffein, attendu mon peu de fortune, j'ai fait femblant de vous avoir oublié, en me donnant toutà-fait à elle. Je ne fçais fur quels preffentimens je m'étois figuré Madame d'*Ul*.....

n'être point intraitable ; mais je ne sçavois point que c'est l'avarice qui lui faisoit vendre ses faveurs : vous avez éclairci ce mystere, & je sçais à présent à quoi attribuer la façon impertinente avec laquelle elle a reçu ma déclaration, qui n'avoit d'autre but que de vous voir souvent, sous prétexte de lui insinuer mon prétendu amour. A présent que je vous ai déclaré ma passion, ma chere Junon, qu'elle n'a rien que d'honnête, dites-moi si vous seriez assez bonne pour accepter le parti que je vous propose ? si cela est, ne craignez rien ; je suis en état de vous donner des conseils que vous pourrez suivre en toute assurance.

Je l'avouerai, cette déclaration faite en des termes si obligeans, & dans un point de vue si honnête, me fit plaisir ; je n'aimois point, mais sçavois-je ce que c'étoit que d'aimer ? Mon petit conseil décidé, je pris la parole & lui dis très-obligeamment. Monsieur le Chevalier, on ne peut être plus charmée que je le suis de votre façon de penser à mon égard ; je vous en remercie mille & mille fois ; je ne sçais ce que c'est que l'amour ; mais, puisque vous m'aimez & que vous voulez bien me prendre pour femme, j'y consens de tout

mon cœur. Le Chevalier m'embrassa mille &
mille fois, & je le laissai faire. Il me demanda ensuite de quel caractere étoit Monsieur
d'*Ul*.... C'est un fort honnête homme, lui
dis-je ; il ne sçait point la conduite de sa femme ; il s'en méfie cependant ; car il n'a jamais logé avec elle ; il vient ici de tems en
tems, mais les intervalles sont très-longs ; il
m'aime, & je pense qu'il recevra avec plaisir
l'alliance que vous lui proposerez. Mon pere
est discret d'ailleurs, soyez sûr de votre confidence. Eh bien ! ma chere ame, me dit-
il, soyez tranquille ; je vais travailler à mon
bonheur & à votre satisfaction ; ne vous mettez plus dorénavant dans cet abandon où je
vous trouve ; répondez hardiment ; vous me
paroissez avoir de la fermeté ; & afin que je
sçache ce qui se passe, à sept heures du soir
je passerai sous vos fenêtres ; quand vous aurez
quelque chose de particulier à me marquer,
mettez votre Lettre au bout d'une ficelle ; la
fenêtre de votre chambre donne sur la rue,
je prendrai le papier qui sera au bout, & j'en
remettrai un autre de ma part, que vous
tirerez sur le champ à l'heure que je vous
prescris.

Nos petits arrangemens ainsi faits, Monsieur le Chevalier *du Catel* sortit. Je repris mes sens, je me rassurai & me promis bien de parler à ma mere sur le bon ton. Madame d'*Ul....* parut enfin, elle entra dans mon cabinet, & y serra les nouvelles especes que son trafic lui procuroit. Eh bien ! ma fille, me dit-elle, êtes-vous encore en colère ? Vous êtes bien jeune, je le vois bien ; qu'est-ce que vous a fait Monsieur *Vilhomme*, qui est le jeune homme le plus accompli que je connoisse ? Je sors d'avec lui, il est venu nous joindre chez Monsieur d'*Outremer* ; ce jeune garçon étoit plus pâle que la mort, il n'a pas dormi de la nuit ; il m'a chargé de vous faire mille excuses, & compte réparer, par ses soins & ses assiduités ; le petit chagrin qu'il vous a innocemment causé. Ecoutez, ma fille, car il est tems de vous faire appercevoir que vous êtes grande, & que vous devez penser en femme, & non en enfant : vous n'avez à espérer de beauté que huit à dix ans, c'est de ce tems-là qu'il faut sçavoir profiter ; si vous ne l'employez pas utilement, votre vie ne sera qu'une suite de miseres & de troubles continuels ; pour comble d'infortune il faudra vous marier, & personne

ne

ne voudra de vous, n'étant point en état de joindre une fortune à vos attraits passés. Vous êtes au fait de ma conduite; voyez comme je me suis tirée & comment j'espere me tirer, toute flétrie que je suis. Mais auparavant, & pour décorer cette conduite, il faut vous marier à présent; j'ai donc dessein de prévenir deux choses, l'amour étourdi qui vous conduiroit dans le précipice, & le *bien-être* de vos jours. Le petit Général vous aime, je ne puis en douter, il me propose de vous épouser; c'est dans cette vue que je lui ai promis de vous voir; vous aurez la liberté de l'écouter & de recevoir ses présens; je compte en parler à Monsieur d'*Ul*..... Je ne suis pas fâchée au surplus de la petite colère que vous lui avez fait paroître; vous serez ma fille, (poursuivit-elle en m'embrassant,) & une fille digne de moi; c'est ainsi qu'il faut rejetter les premieres avances pour enflammer davantage un jeune Amant. Je ne répondis rien à ses discours; elle se fâcha, non pas encore sérieusement. Nous nous remimes ensemble & je parus consolée.

Cependant le Chevalier *du Catel* étoit avec Monsieur d'*Ul*.... avec lequel il prenoit des mesures bien contraires à celles de Madame

son épouse. Il m'écrivit le soir , suivant nos
arrangemens , qu'il avoit vu mon pere , auquel il avoit fait part de ses desseins , qu'il
lui avoit raconté l'histoire de la conduite de
ma mere , & de celle qu'elle avoit tenue avec
moi la veille , que Monsieur d'*Ul....* surpris
au dernier point d'un pareil scandale , lui avoit
promis de me seconder , & qu'il alloit préparer tout ce qui seroit nécessaire pour me tirer
sans bruit d'avec ma mere ; qu'il étoit question
d'un Couvent dans lequel on me mettroit pour
achever , ou plutôt pour me donner une éducation convenable ; que les frais s'en feroient
également par mon pere , que j'eusse à me
disposer pour le tems qu'il me feroit sçavoir.
Je lui écrivois de mon côté tout le discours
de ma mere , qu'il alla le lendemain répéter
à mon pere. Monsieur d'*Ul....* me marqua
dès le même soir que le libertinage de sa femme lui faisoit horreur , que le bruit que pourroit causer sa juste vengeance l'avoit empéché
de faire un éclat ; mais que j'eusse à recevoir
le jeune homme chez moi , lui faire amitié ,
pour découvrir ses sentimens & lui en faire
part , qu'aussitôt je serois secourue. Le jour
même que ma mere m'avoit parlé , j'avois déjà

eu la visite de mon petit époux que j'avois reçu
assez séchement, mais avec plus de bonté que
la premiere fois ; le lendemain il revint, c'est-
à-dire le jour d'après celui que j'avois reçu la
Lettre de Monsieur *du Catel* ; cette fois je le
reçus avec plus d'ouverture, il en fut enchanté ; ma mere m'embrassa avec tendresse au
signal, mon petit Général me fit présent d'un
collier de diamans & de deux boucles d'oreilles fort belles ; je serrai ce présent dans une
petite armoire ; mais, pour plus de sureté, ma
mere s'en empara, pour me les donner le jour
de mon mariage, & ne les plus revoir.

Huit jours se passerent de cette sorte, nous
avions souvent à dîner le jeune Financier,
Monsieur d'*Outremer*. Les repas étoient fins
& délicats, ma mere n'épargnoit rien pour
les bien recevoir ; enfin dans un de ces sou-
pers galans, on m'anonça que le mariage se
feroit le troisiéme jour dans ma chambre, qu'il
étoit inutile d'aller à l'Eglise, que les formalités ne servoient qu'à dépenser de l'argent inutilement ; que Monsieur *Vilhomme* déposoit la
dot de cent mille livres entre les mains de ma
mere ; qu'enfin elle avoit le consentement de
mon pere. Je sçavois bien quelles étoient ces

formalités d'Eglise , mais j'ignorois qu'on pût
les suppléer : le consentement de mon pere
m'interdit cependant ; mais comme on ne ju-
geoit point à propos de m'en faire lire l'acte ,
je compris qu'il y avoit quelqu'intrigue à cet
égard ; je devins rêveuse , cet air passa pour
une pudeur expirante ; le lendemain je n'eus
rien de plus pressé que de faire part de cette
résolution au Chevalier *du Catel* ; il en fut
charmé , & alla porter ces nouvelles à Monsieur d'*Ul* . . . . Il est tems , m'écrivit le lendemain mon cher Chevalier , de faire jouer
nos ressorts. Le jour de votre mariage , qui
est demain , m'écrivit il , Monsieur d'*Ul*. . . . .
se transportera sur les neuf heures du soir chez
vous ; il y verra les préparatifs ; suivez ce
qu'il vous ordonnera ; faites dès-à présent vos
paquets, sans que votre mere s'en apperçoive.

Le jour de mon mariage , Madame d'*Ul*. . . .
n'eut que les préparatifs du lit nuptial à faire ;
elle nous donna son lit & se destina le mien :
déjà les présens, les habits de noces étoient arrivés ; on me para , on m'ajusta , le lit est déjà
pompeux , & la victime est prête. Enfin arrive
Monsieur d'*Outremer* , un de ses amis & mon
futur époux. Qu'il se crut charmant ! qu'il se

crut aimé ! il m'embraffe , m'appelle fa petite femme , il veut même préluder ; je me retire , je deviens férieufe , il n'avance pas : le fouper eft fervi , l'on fe met à table : à peine étoit-il huit heures , mon Galant étoit empreffé , ma mere inquiette de voir arriver cet heureux inftant de lui faire accroître fes finances d'une fomme auffi confidérable. Cependant toutes les phyfionomies , excepté la mienne , refpiroient une grande gaieté : à peu près l'heure de neuf heures, heure fi attendue & fi chere à mon cœur, arrive Monfieur d'*Ul*..... qui voyant une table fomptueufe & richement fervie , un lit galant , & fa fille ornée comme une Déeffe , demanda de ce ton férieux que vous lui connoiffez, ce que c'étoit que cette mafcarade ? Il eft inutile de vous faire ici la trifte peinture du défordre de Madame d'*Ul*..... & de celui des convives ; le petit Financier feul , qui ne connoiffoit pas Monfieur d'*Ul*..... mais qui , à la figure des autres , le prenoit cependant pour le Maître de la maifon, choqué qu'un homme qui avoit l'habit d'Invalide , vînt le relancer jufqu'au fanctuaire de fes plaifirs , lui dit : Monfieur , foyez le bien venu , nous fommes charmés d'augmenter notre compagnie d'un homme comme vous , la livrée du

K iij

Roi nous fait honneur. Allons, ma chere petite
Junon, ma chere petite femme, remettez-vous;
allons, ma chere future belle-mere, & vous,
Messieurs, faisons place à Monsieur : puis pre-
nons sur le champ un verre de vin de Champagne; à votre santé, Monsieur, qui que vous
soyez, en s'adressant à Monsieur d'*Ul*....

Monsieur d'*Ul*...... n'avoit nullement le ton
railleur, aussi sans s'émouvoir, il lui répartit
ainsi : Avant de vous remercier, mon jeune
Blanc-bec, dites-moi, je vous prie, qui vous
êtes ? & quelle est cette compagnie qui ne peut
me voir sans être interdite ? Et vous, Madame, en s'adressant à ma mere, qui sont donc
ces vieux coureurs d'aventures que vous ame-
nez ici pour séduire ma fille & la corrompre ?
Le jeune Financier badinoit de tous ces discours; les vieux barbons, ni Madame d'*Ul*.....
ne badinoient point, chacun d'eux répartit
qu'il avoit été invité aux noces de Mademoiselle avec Monsieur *Vilhomme*, Fermier général
en survivance de Monsieur son pere, que tout
ce qu'il voyoit étoit des présens de Monsieur,....
Le petit Finanacier, fatigué du ton de hauteur
de Monsieur d'*Ul*.... termina les réponses des
autres par un grand éclat de rire, qu'il finit

en difant à Monfieur d'*Ul*....... qui que vous
foyez, prenez donc une place ici, ou prenez moi la porte. Monfieur d'*Ul*..........
fe mit à fourire de l'impertinence du petit
Financier, & lui dit: Jeune homme, jeune
étourdi, apprenez à me refpecter ; pour vous
mettre dans la voie du refpect que je vous
impofe, il faut vous réfoudre à paffer par
la fenêtre avec toutes vos richeffes, & encore plus avec vos airs inpertinens ; allons,
faites cela de bonne grace, & que je ne
vous le dife pas deux fois. Le jeune Financier
répondit par un gefte fi élevé qu'il fit fau-
ter le chapeau de Monfieur d'*Ul*...., qu'il
tenoit toujours fur fa tête ; Monfieur d'*Ul*.....
l'empoigna comme une Marionnette, lui donna des coups d'étrivieres fur fon derriere mis
à nud, & voulut le congédier par la fenêtre ;
mais Madame d'*Ul*..... & les vieux Poda-
gres qui étoient avec elle & qui connoiffoient
Monfieur d'*Ul*...... quoique celui-ci ne les
connût pas, le prierent de le laiffer aller. Non,
Meffieurs, leur dit-il, s'il eût été auffi fage
que vous, je l'aurois renvoyé, comme je vous
prie vous-mêmes de fortir & de ne jamais ré-
mettre les pieds ici : quant au petit Survivan-

cier, il ira passer la nuit à l'Hôtel des Invalides, & nous verrons demain ce qu'il en arri-
vera : cependant on pria tant & tant Monsieur
d'Ul...... qu'on obtint une grace que son derriere n'auroit pu obtenir. Je le veux donc bien,
dit Monsieur d'Ul..... qu'il sorte, demain je
reporterai tout à son pere ; mais je lui donne
un bon avis, c'est que je ne le rencontre point
dans Paris, car si je le vois, je lui coupes les
deux oreilles. Tous sortirent, & la paix rendue
à la maison, Monsieur d'Ul.... me donna ordre de le suivre & d'emporter tout ce qui étoit
à moi ; on lui livra les colliers, les bagues, les
ajustemens dont on fit un paquet séparé, & que
Monsieur d'Ul...... emporta avec lui dans le
Carosse qu'il avoit amené. Tout ceci ce passa
avec si peu de bruit par les prudentes réserves
de Monsieur d'Ul..... que la maison ne s'apperçut de rien. Nous quittons donc Madame
d'Ul..... à laquelle Monsieur d'Ul...... ne
dit que ces deux mots : Pour vous Madame,
je vous laisse ; usez de vos droits. Nous descen-
dons l'escalier, me voilà à la porte de l'entrée, j'apperçois une Chaise de Poste, dans
laquelle je fus placée avec mes paquets à côté
de mon cher Chevalier *du Catel*, qui me reçut

à bras ouverts : quant à mon pere il se saisit des paquets nuptiaux qu'il alla remettre au pere du jeune Financier : quoique je n'aye jamais depuis entendu parler de cette histoire, mon petit Financier reviendra cependant sur la scene. Que sont devenues les cent mille livres, c'est ce que j'ignore, & ce que vraisemblablement je ne découvrirai qu'à la Valée de Josaphat.

Monsieur *du Catel* étoit muni des pouvoirs de mon pere pour me transporter dans un Couvent sur les confins de la Bretagne, dont l'Abbesse lui étoit connue par un de ses amis dont elle étoit parente : ils avoient arrangé leurs affaires de façon que j'y fus reçue avec la décence la plus convenable ; c'est dans cette retraite où j'ai puisé les sentimens de la vertu & de l'humanité les plus analogues à mon caractère ; ces sentimens ont toujours fait sur mon cœur une vive impression ; mais Nature ! Nature ! tu as toujours été la plus forte, *tant il est rare de te contredire impunément.*

Il y avoit prés de six mois que j'étois dans cette maison, lorsque je reçus une Lettre de Monsieur *du Catel*, qui me marquoit que Monsieur d'*Ul*.... étoit parti en détachement

fur les frontieres , avec le Brevet de Capitaine ;
que la réunion s'étoir faite entre fa femme &
lui , qu'elle-même approuvoit mon union , que
bientôt elle fe difpofoit à nous marier , qu'ils
étoient même en voie d'arrangement , afin
que ce mariage ne fût point fçu de fa famille , attendu que l'hiftoire du Financier avoit
percé ; & fur-tout qu'il fût ignoré de fa tante
qui le dèshériteroit : qu'il falloit ménager toutes ces chofes , afin de ne rien rifquer : que ,
quand le mariage feroit fait , nous verrions
quelles mefures nous prendrions.

Cette nouvelle ne me fit ni peine ni plaifir ;
la raifon feule me dicta que c'étoit le parti le
plus fage que de donner mon confentement à
cette union ; je me fentois une inclination
pour ma liberté qui furpaffoit tous les efforts
de la raifon ; cependant je me rendis , car
jeftimois le Chevalier , & je lui écrivis en
conféquence de fes fentimens , que je l'attendois avec plaifir , & qu'il eût à m'informer
de fon arrivée.

En effet , trois jours après je reçus de fes
nouvelles ; j'en recevois bien d'autres à la vérité , mais qui ne font rien à mon hiftoire ;
je ne parle que de ce qui eft intéreffant aux

révolutions de mon étoile. Par sa derniere Lettre il me faisoit part qu'il alloit dans huitaine à Amsterdam afin de m'y recevoir pour épouse en face de l'Eglise, la Religion Catholique étant tolérée dans cette République ; que Madame d'*Ul*.... partoit dans l'instant pour m'aller tirer de ma Commanauté, & m'emmener avec elle au même endroit : il me désigna même l'Auberge où nous devions arrêter ; il m'assura qu'il étoit muni des pouvoirs de mon pere à ce sujet, qu'il n'avoit voulu confier qu'à lui seul ; que ma mere étoit seulement chargée du pouvoir de son mari pour me retirer, & d'une Lettre pour Madame l'Abbesse.

Je reçus cette Lettre au moment que je commençois à sentir le prix de la vertu, & le danger de ma liberté ; je m'étois déjà avancée au point de faire part à Madame l'Abbesse des sentimens que mon cœur m'inspiroit de me faire Religieuse. Non-seulement les sentimens de piété m'inspiroient cet acte héroïque ; mais encore ceux de la vertu & de la raison. L'éducation que j'avois reçue me faisoit horreur ; la conduite de ma mere m'effrayoit, & tout ce que je me représentois devoir subir, dès que je ferois une fois remife en fes mains, me préoccupoit & m'accabloit d'un chagrin mortel ; l'expérience du paffé étoit une leçon toujours vivante & dont je ne perdois point le plus léger fouvenir. Enfin cet état de grandeur que l'on m'avoir fait prendre, qui ne pouvoit fe foutenir dans des conjonctures où j'avois tout à craindre de l'inconftance de la fortune, me faifoit voir de fi près ma chûte, que je tombois dans la plus affreufe mélancolie. Ajoutez à cela ce goût, cet attrait pour la liberté qui m'ouvroit un précipice que mon imagination étendoit encore davantage. Tout cet enfemble me fit prendre la réfolution de me découvrir à Madame l'Abbeffe & de lui dépofer les fecrets fentimens de mon cœur. Madame l'Abeffe, convaincue de ma fincérité, me loua fur cette inclination, & me promit tous les fecours qui dépendroient d'elle.

Cet aveu rendit le calme à mon ame agitée : ce fut dans ce doux moment de la paix dont mon cœur jouiffoit que je reçus la Lettre de Monfieur *du Catel* : je crus qu'il étoit intéreffant d'en faire part à Madame l'Abbeffe, & de lui dire les projets de ma mere & de mon pere fur le mariage que je lui annonçois. Je lui cachai le lieu où devòit se consommer cette union, non par discrétin, car je n'y entendois point finesse, mais parce que je croyois que ce récit étoit indifférent. Je priai cette Abbesse de parler à ma mere, dès qu'elle la verroit, de mes dispositions pour le Cloître, & de faire en sorte de réussir dans son entreprise : je lui peignis ma mere comme une femme vive, haute & emportée, qui étoit idolâtre de moi, afin qu'elle pût se monter sur le caractère propre à la faire plier en cas de résistance ; qu'à mon égard j'étois disposée à la seconder de mon mieux.

Ce fut dans ces circonstances qu'arriva la Comtesse d'*Ul*..... Quelle surprise pour vous, cher Lecteur, d'entendre nommer la ci-devant *Margot des Pelotons*, Comtesse ! mais elle l'est, écoutez-la s'annoncer ; elle arrive dans un équipage à quatre chevaux, deux Laquais servant de Postillons, ayant la livrée étrangere du Comte d'*Ul*.... mon pere. Elle étoit accompagnée d'une femme de chambre qui devoit la servir, & moi en même tems. Elle se fait annoncer dans cet équipage à Madame l'Abbesse : au début de ce nom si fastueux Madame l'Abbesse demeure interdite, ignorant la qua-

lité de mes pere & mere. Cependant se remettant de son trouble, elle va à sa grille voir Madame la Comtesse d'*Ul*....

   Madame, lui dit la Comtesse d'*Ul*... je viens
réclamer ici une fille que Monsieur le Comte
d'*Ul*.... mon mari vous a déposée. Voici une
Lettre de sa part que j'ai l'honneur de vous
remettre. Monsieur d'*Ul*.... l'avoit signé, *Comte
d'Ul*...... il n'y eut pas le mot à répliquer sur la
qualité de *Comtesse*: aussi ne fut-il point question
de cela. Madame l'Abbesse ayant lu cette Lettre, dit à Madame la Comtesse ma mere : rien
de si juste que de vous rendre votre fille, Madame ; je vais la faire avertir de votre arrivée,
& que vous la demandez : mais, Madame, auparavant me seroit-il permis de vous représenter,
que votre fille, que j'appelle la mienne, nous
est si fort attachée, qu'elle aura bien de la peine
à nous quitter ? Je vous avoue même que les
charmes de la Nature joints à ceux de l'esprit,
du cœur, & de la vertu la plus exacte dont elle
est douée, que ces charmes, dis-je, courent
grand risque dans ce monde où vous allez la
faire entrer. Je vous dirai bien plus que les
sentimens de son cœur, dont elle m'entretient
souvent, me conduisent à vous demander, de

sa part, la permission de se faire religieuse : je vous prie même de l'écouter à cet égard avec bonté ; car elle attend de vous cette grace, comme la plus précieuse qu'elle ait à espérer.

A ce discours, la Comtesse d'*Ul*.... frémit, & envisageant Madame l'Abbesse, elle lui répliqua d'un ton aigre-doux : en vérité, Madame, c'est bien pour le Cloître que sont faites des filles comme la mienne ! que l'on y renferme des bossues, des tortues, des filles, des femmes disgraciés de la Nature, & qui se retirent du monde, parce que le monde s'éloigne d'elles, à la bonne heure ! Malheureusement Madame l'Abbesse étoit dans le cas ; elle étoit déferrée d'un œil ; à ce défaut elle ajoutoit une physionomie assez basse. Madame l'Abbesse lui laissa dire toutes ses impertinences, & ne prit pas garde que l'apostrophe étoit à bout portant. Eh bien ! lui dit Madame l'Abbesse, elle va venir, & vous vous entretiendrez avec elle.

On m'envoie chercher, je vais au Parloir, j'y vois ma mere, que dis-je ? Madame d'*Ul*.... non ! mais Madame la Comtesse d'*Ul*.... à laquelle Madame l'Abbesse m'adresse ; voilà, me dit-elle, ma chere fille, Madame la Com teſſe d'*Ul*..... votre mere, qui vient pour vous faire quitter ces lieux ; expliquez-vous avec Madame ſur vos diſpoſitions. Ma mere, qui me voyoit déjà habillée & coëffée en linge uni, & dans cette ſimplicité qu'inſpire la vertu, c'écria : quoi ! Madame, eſt-ce ainſi que vous ſouffrez que vos Ponſionnaires ſe coëffent ? Qu'eſt-ce que c'eſt, Mademoiſelle, pour une fille de condition que cet habit gris, cette coëffure de ſœur *du pot*, & tout cet attirail de béguines ? Allons ! allez reprendre vos habits & ſuivez-moi. Madame, répondis-je à Madame la Comteſſe ma mere, permettez-moi de vous dire que je ne ſens aucun goût pour le mariage, que j'eſtime Monſieur le Chevalier *du Catel*, mais que je ne l'aime point pour mari, ni lui ni d'autre ; que je me ſens portée à la vie de retraite, & que je ſuis réſolue de ne point quitter cette ſainte Maiſon. J'allois continuer, quand Madame la Comteſſe ma mere répliqua toute en fureur : comment ! petite ſotte, petite impertinente, vous me déſobéirez, vous me mépriſerez ! Apprenez qu'il faut obéir aux pere & mere ; que c'eſt à eux à vous choiſir un état, & non à ces ſépulcres blanchis qui veulent avoir des compagnes de leurs infortunes. Venez vite, & ſuivez-moi. Sans la grille qui

nous

nous féparoit, j'aurois effuyé une paire de fouf-
flets bien appliqués. Je rendis donc graces à
l'obftacle, & répondis qu'il étoit inutile qu'elle
s'achauffât, que je ne quitterois jamais cette
demeure. Madame la Comteffe encore plus en
colere vomit mille injures contre Madame l'Abbeffe, fa Communauté, & contre toutes les
Communautés du monde. Madame l'Abbeffe
qui ne pouvoit fe faire entendre au milieu des
cris de cette Comteffe farouche, lui dit : eh
bien ! Madame, pour mettre tout d'accord, je
vais écrire à Monfieur l'Archevêque de . . . .
c'eft de lui dont je prendrai les ordres ; & s'il eft
néceffaire d'en avoir de fupérieurs, je ne ferai
point inquiette de les obtenir ; mais ma chere
fille ne fortira pas malgré elle. A ces menaces,
Madame la Comteffe fe calma, car elle n'avoit
garde de faire du bruit ; les fecrets qu'elle eût été
obligée de divulguer, ne lui euffent point été fa-
vorables. Reprenant donc un ton plus tranquille,
elle dit à Madame l'Abbeffe : eh bien ! Madame,
il n'eft pas queftion de tant de menaces ; vous
pouvez garder ma fille ; mais dès ce jour le payement de fa penfion ceffe, & il n'y a aucune dot
à efpérer de notre part ; adieu, Madame : & vous
petite fotte & petite défobéiffante, je vous ferai

L

valoir mon juste courroux, en tems & lieu : faites
vos réflexions l'une & l'autre jusqu'à demain matin ; je repasserai ici , ou pour accomplir mes pro-
messes, ou pour vous emmener avec moi. Sur cela la Comtesse nous quitta jusqu'au lendemain.

Je suivis Madame l'Abbesse dans sa chambre :
quand nous fumes tête-à-tête , voici le discours
qu'elle me tint : Ma chere fille , me dit-elle , j'ai
tenu bon tant que j'ai pû ; mais Madame la Comtesse votre mere ma frappé par le coup le plus
sensible ; non par rapport à moi , mais par rapport à la Communauté. Ce n'est point assez d'a-
voir de la vertu , du mérite , des talens , de la
piété même la plus fervente pour entrer parmi
nous ; il faut une dot, sans laquelle il m'est impossible de vous recevoir ; nos biens & les dots qui
les augmentent sont des dons faits à Dieu , dont
nous sommes responsables ; ce tout devient si spi-
rituel entre nos mains, que nous ne pouvons ni en
diminuer la moindre chose , ni nous relâcher de
la moindre somme sans être du nombre de ces
économes infideles , & ravir à Dieu la portion la
plus sainte que nous lui consacrons; ainsi, ma chere fille , il faut se déterminer à nous quitter , dès
que la dot sera séparée de votre vertu. D'ailleurs ,
continua-t-elle , la vertu peut être pratiquée au

milieu du monde ; je vous la recommande , ma chere enfant ; car sans dot vous ne pouvez être reçue ; ajoutez à cela le défaut du payement de votre pension dont nous menace Madame la Comtesse , & qui m'a si fort accablée de chagrin , que je crains que la Communauté ne s'oppose à ce que vous restiez ici plus long-tems. A ce discours je manquai de tomber à la renverse ; mes esprits irrités me soutinrent, & pour dernier effort je me jettai à ses pieds , je les arrosai de mes larmes , & la priai de point abandonner la vertu que j'avois acquise chez elle , au milieu de la dépravation & de la corruption du monde ; j'allois même lui déveloper le caractere de Madame la Comtesse , & ce que j'avois déjà essuyé sous son empire, lorsque Madame l'Abbesse me quitta brusquement en me disant ; *sans dot* , ma chere fille , *point de Religieuse*.

Cette conduite m'accabla de douleur ; mais reprenant ma fierté, quoi ! lui dis-je , Madame , la maison de priere est donc un lieu où l'on trafique les ames avec le vil métal de l'or ! je reprens le monde , il m'est moins odieux ; on n'y trafique que les corps ; puis reprenant un air de vertu qui me fit détester ce que je venois de dire , je pris Dieu à témoin des efforts que j'avois faits pour

me ſouſtraire au monde, & ſortant enſuite de
l'appartement de l'Abbeſſe, la colere & la piété
ſe contrediſant, je courus à ma chambre écrire à
ma mere & lui faire part du changement de mes
diſpoſitions, ſans lui rien apprendre du motif qui
l'avoit occaſionné.

Ma mere vint dès l'après-midi me prendre à la
porte d'entrée du Couvent, qui me fut ouverte;
elle paya ce qui étoit dû de ma penſion à la Dépoſitaire, en tira quittance ; & étant montées en
carroſſe, nous pouſſames notre route juſqu'à Amſterdam. Elle auroit pu me mener également au
Japon ; je ne connoiſſois pas plus ce pays-là que
la Hollande.

En comptant le départ de Madame la Comteſſe, ma mere, de Paris juſqu'à Amſterdam, nous
fumes bien près de douze à quinze jours à faire
cette courſe ; de façon que le Chevalier *du Catel*,
qui étoit parti comme il me l'avoit marqué, étoit
arrivé il y avoit déjà deux jours ; s'étant informé
ſi nous n'étions pas arrivées à l'auberge où il étoit
deſcendu, & où il m'avoit marqué que je devois
deſcendre, & n'en ayant eu aucune nouvelle, il
ſe rendit le lendemain de ſon arrivée, & le jour
ſuivant, ſur la grande route de Paris, pour nous
inſtruire ; en effet je l'apperçus de loin qui ſe pro-

menoit. Ah! Madame, dis-je, voilà le Chevalier *du Catel* qui nous attend. Ma mere regarde & l'apperçoit effectivement; celui-ci qui se méfioit d'elle, quoique paroissant dans une parfaite intelligence, lui avoit dit qu'il ne partiroit que plus de quinze jours après elle, étant obligé de finir quelques affaires; de façon qu'en supputant les jours, elle devoit être à Amsterdam huit jours au moins devant lui.

Le Chevalier ne m'avoit point apperçue, & regardoit assez négligemment rouler la voiture qu'il ne soupçonnoit point être celle de Madame la Comtesse d'*Ul*..... dont il ignoroit le nouveau titre & la livrée. Je m'apperçus de son ignorance; aussi, mis-je la tête à la portiére & je l'appellai. Madame la Comtesse fit tant de bruit pour m'empêcher, sous prétexte d'indécence de ma part, qu'il tourna enfin la tête & m'apperçut; ce fut pour lors que le Chevalier cria au cocher d'arrêter : Madame la Comtesse lui crioit de fouetter; mais les cris & la course du Chevalier furent plutôt entendus du cocher, que les défenses contraires de sa Maîtresse. Le cocher arrête, le Chevalier monte, saute à mon cou; je l'embrasse de tout mon cœur; il salue Madame d'*Ul*..... & se met à côté de nous. Je me fis

un plaisir sensible d'appeller ma mere Madame
la Comtesse, & je voyois que Monsieur le Chevalier ne m'entendoit pas ; qu'est donc cette Comtesse dont vous parlez, Mademoiselle, dit-il ?
C'est moi, Monsieur, dit ma mere. Pardonnez-
moi, Madame, j'ignorois que vous eussiez ce
titre : j'ai servi long-tems, j'ai même eu occasion d'avoir M. d'*Ul*.... joint à mon Régiment ;
j'ai fait connoissance avec lui, & l'ai toujours
sçu distinguer de ses camarades ; mais je ne lui
ai jamais entendu donner cette qualité. Cela est
vrai, répondit Madame la Comtesse ; aussi ne
l'a-t-il pris que depuis qu'il a le brevet de Capitaine. La Noblesse & l'obscurité ne peuvent
éclater ensemble ; la modestie doit pour lors unir
l'un à l'autre ; mais une fois sorti de cette
obscurité, la Noblesse, ses droits & ses préroga-
tives rentrent dans tout leur lustre. Telle a été la
conduite de M. d'*Ul*.... Etant simple soldat, il
s'est honoré de ce titre en s'appliquant à ses devoirs ; élevé à un grade supérieur, il s'en est fait
honneur par un plus grand attachement à son
service ; il a obtenu la Croix de Saint Louis par
son mérite ; il est devenu Lieutenant ; jusques-
là la modestie a fait percer son mérite ; aujour-
d'hui, qu'il est Capitaine, il rentre dans ceux

de sa condition; parce que le voilà élevé au grade
que sa maison avoit droit d'attendre. M. d'*Ul....*
est Ecossois; ses peres ont suivi le Roi Jacques:
les Sujets de cet infortuné Roi qui ont pris part
à son malheur se sont épuisés à sa suite; la France
les a récompensés de leur attachement à leur Sou-
verain autant qu'elle l'a pu. Tel est le sort de mon
époux, qui né pour servir son Prince, & ne pouvant
parvenir, a préferé de servir dans le dernier dégré pour se rendre digne d'un supérieur, plutôt que de traîner un nom dans l'oisiveté & l'obscurité. Lisez, M. le Chevalier, ajouta-t-elle en
finissant, les Héros d'Ecosse : mais vous autres
Militaires François, qui croyez tout sçavoir, vous
aimez mieux lire de misérables Romans qui vous
efféminent, que de vous instruire. Cette mercu-
riale n'étoit pas hors de propos; j'ai bien vu de
ces Militaires parfaitement ignorans sur l'histoire même de leur Nation', pourvu qu'ils sçachent
qu'ils sont Comtes, ou Marquis, Chevaliers, si
vous voulez; un talon rouge, l'air de petit Maître, voilà toute leur science & leur talent.

Le Chevalier *du Catel*, qui sentoit ne plus
avoir affaire à la petite Junon, fille d'un Sergent
de Compagnie, en usa avec moi comme avec
une fille de condition égale; j'étois charmée de

L iiij

cette préférence, & je me regardois déjà comme
Comtesse. Il y avoit long-tems que j'avois changé en haine mon amour pour le Cloître : à présent j'aurois été fâchée que l'on m'eût prise au
mot. Je me raccommodai donc en secret avec
mon Abbesse, sans cependant l'estimer.

En entrant à Amsterdam, Madame la Comtesse designa l'Auberge où elle avoit dessein d'aller, qui étoit différente de celle qui m'avoit été
indiquée. Madame, lui dit le Chevalier, qui
voyoit qu'elle persistoit avec opiniâtreté à suivre
son dessein, j'ai loué à l'Auberge de * * *, rue
de * * *. l'intention de Mr. d'*Ul*..... est que
nous y demeurions, j'y ai fait préparer un appartement : on vous attend, Mr. d'*Ul*.... y est
connu, & nous y serons à merveille. Et moi,
interrompit Madame la Comtesse, j'irai où je
veux & je ne changerai pas de sentiment. Il
fallut que le Chevalier cédât & qu'il lui en coû-
tât les arrhes qu'il avoit donnés; mais cependant
qu'on lui rendit, parce que les chambres ne tarderent pas à être louées.

La Compagnie descendit à une Auberge aux
extrémités d'Amsterdam ; le Chevalier y voulut louer un appartement, ce que ne voulut
point permettre Madame la Comtesse, par dé-

cence, difoit-elle. Le Chevalier nous ayant quit-
tées après nous avoir conduites dans notre appartement que nous trouvames richement paré,
fe retira pour aller à fon Auberge caffer fon marché, & enfuite vint louer à côté de notre Hôtel,
où fur le champ il fit tranfporter fes malles.
Madame la Comteffe & moi ignorions où il demeuroit ; mais il falloit nous voir le lendemain
matin pour arranger nos affaires.

Le Chevalier, après avoir pris poffeffion de
fon petit appartement, la femme de fon Hôte
vint pour le voir & lui fouhaiter le bon jour,
fuivant l'ufage de ces fortes de gens, qui viennent faluer un nouveau débarqué, non par l'intérêt qu'ils prennent à fa fanté, mais à la multi-
tude des coffres qui les affurent de leur confiance ; après avoir fait, dis-je, fon inventaire à
plufieurs reprifes, dont le compas étoit dirigé
par un œil qui ne fe trompe jamais, elle fut apparemment contente de lui, & fe félicitant de
fon acquifition, elle lui apprit que depuis environ huit jours elle avoit chez elle un jeune Seigneur François, qui attendoit la plus jolie fille de
Paris, avec fa mere, pour fe marier ; que ce jeune Seigneur s'appelloit *le Marquis de Ducats*, qui
paroiffoit riche, & faifoit ici une très-grande dé-

penſe ; que c'étoit lui qui avoit meublé l'appartement que ces Dames devoit occuper, qui étoit
d'une d'une très-grande magnificence. A la peinture qu'elle fit au Chevalier *du Catel* de ce jeune
Marquis dont il ignoroit le nom en France, il ſe
douta que c'étoit ſon petit Financier. Roulant
pour-lors dans ſon eſprit mille projets de vengeance contre la Comteſſe *d'Ul*..... & contre
le petit Marquis *de Ducats*, ,il ne pouvoit s'arrêter à aucun ; le tems preſſoit cependant de ſe déterminer, car le mariage devoit ſe faire la nuit
de notre arrivée ; il ſe voyoit donc la dupe d'une
intrigante & le jouet de ce petit Marquis.

Toutes réflexions faites, il prit le parti le plus
ſage ſans ſe compromettre : il ſçavoit avec quelle rigueur on punit les enlevemens & la mauvaiſe conduite dans la République ; il va droit au
Sénateur qui fait la fonction de Lieutenant Général de Police, & ſe fait annoncer comme Officier François, en déclarant ſon nom, heureuſement qu'en entrant il trouva auprès de lui une
Flamande, femme & veuve d'un homme de condition qui avoit ſervi avec lui dans le même Régiment, & qu'il avoit eu occaſion de voir à Arras
dans le tems que lui & ſon Régiment étoient en
garniſon. Au nom du Chevalier *du Catel*, cette

femme, charmée de renouveller connoiſſance, l'aborda avec un air riant & l'embraſſa avec affection. Que venez-vous faire ici , mon cher *du Carel* ? quelle affaire vous amene à Monſieur, qui eſt un de mes amis intimes ? que je ſuis enchantée de vous revoir ! Il fallut faire ceſſer cet aſſaut de civilités en répondant à tout ; leur ancienne amitié , la mort de ſon mari, les pleurs, les cris, furent des rôles qui ſe ſuccédoient tour à tour , & qui quelquefois ſe confondoient. Au premier inſtant que le Chevalier eut de libre il dit au Sénateur ce qui lui étoit arrivé , lui peignit le caractére de Madame la Comteſſe , ſes procédés avec ſa fille , ce qui s'en étoit enſuivi à Paris , la retraite de la fille dans un Couvent, les ſtratagêmes que le pere & lui avoient employés pour la tirer d'une conduite ſi dangereuſe , ſon concert avec le pere ſur ſon union avec ſa fille ; les Lettres & les pouvoirs du pere ; de-là il paſſa au ſtratagême de la mere qui avoit comploté ſon départ avec ce jeune Financier , au refus de venir à ſon Auberge , au brillant de celle qu'elle avoit priſe , enfin au hazard qui lui avoit appris tout cet affreux libertinage. En même tems qu'il dépeignoit la ſageſſe, la beauté , la conſtance de ſa petite Junon , ſon amour , ſa paſſion, ſa ſincérité pour ſe marier

avec elle , il lui demandoit les sûretés dont il
avoit besoin pour empêcher un rapt & un viol si
injurieux , & l'empêcher lui-même d'en tirer une
vengeance éclatante , qui en perdant la mere perdroit une fille innocente & le perdroit lui-même.

Voici quel fut le résultat de la décision du Sénateur , après le conseil pris de la Flamande & du
Chevalier *du Catel* : que sur les neuf heures du soir
il enverroit des Gardes autour de l'Auberge , qui
se saisiroient des appartemens où la Compagnie
seroit assemblée ; que lui Chevalier *du Catel* les y
conduiroit & s'informeroit secrettement si le prétendu Marquis y étoit déjà arrivé. Ce qui fut dit
fut exécuté sur le champ ; car il étoit déjà plus de
sept heures ; il pria que le Chef de la Garde n'eût
pas son habit uniforme pour être avec lui , & que
les Gardes s'avançassent par différentes rues. Le
Sénateur envoya sur le champ chercher le Capitaine , & lui donna les ordres convenus ; il lui
ordonna que , dès qu'il se seroit assuré de ces trois
personnes , il mettroit la plus âgée & le jeune
homme dans la prison publique , avec défenses
expresses de les laisser voir à personne , ni de se
voir ensemble ; que quant à la plus jeune il la
mettroit dans un carrosse avec lequel Monsieur le
Chevalier alloit le conduire à l'Auberge , qu'il

la lui déposeroit, & que celui-ci l'ameneroit à son Hôtel, où il fit préparer une chambre pour elle à côté de celle qu'occupoit la Flamande son amie.

Le tout ainsi concerté, le Capitaine alla donner ses ordres & revint prendre le Chevalier *du Catel*; nos deux Officiers prirent un carrosse, & sans suite arriverent à l'Auberge. Le Chevalier descendit & demanda à la porte s'il n'y avoit pas quelques Françoises & quelques François qui fussent arrivés aujourd'hui. On lui dit qu'il y avoit une Comtesse & sa fille, & que dans l'instant venoit d'entrer un jeune Seigneur François, avec lequel la jeune Demoiselle étoit mariée, qu'ils alloient se mettre à table. Le Chevalier alla rendre compte de ces bonnes nouvelles au Capitaine, & s'étant donné le tems de ranger leur petite cohorte bien armée, ils attendirent que la compagnie fût en pleine table & au moment des plaisirs qu'elle procure.

Pendant que tout ceci se passoit à mon insçu, je me crus perdue en voyant entrer mon petit *Vilhomme*, je voyois mon déshonneur parfait sans y pouvoir mettre obstacle; je regardois Madame la Comtesse avec un œil d'horreur, mon prétendu Marquis avec indignation. Cependant comme ce jeune homme étoit efféminé, & que j'étois forte, je ne perdis pas courage ; j'assemblai mon conseil & songeai à me préparer à une vigoureuse résistance. Ma mere, qui s'appercevoit que je roulois dans mon imagination bien des desseins, eut le front de me dire que la violence n'étoit plus de saison, que mon cher *du Catel* étoit loin d'ici, qu'il ignoroit ce stratagême, & que de gré ou de force il falloit satisfaire l'amour de mon cher Amant. Je ne répondois rien à tout ce discours, & faisois tout ce que je pouvois pour me rassurer.

Mon petit Marquis se divertissoit tout seul, & quand il fut un peu égayé par le vin de Champagne, il voulut prendre quelque licence avec moi ; ce fut pour lors que je lui dis que tant qu'il n'employeroit que des paroles il étoit le maître, mais que si la violence s'en mêloit, je verrois le parti que j'aurois à prendre. Ah ! nous verrons, ma belle petite, me répartis le Marquis *de Ducats* ; de la violence!... de la violence!... Je veux, parbleu, l'éprouver ; puis se jettant avec force sur moi pour m'enlever de la table & satisfaire sa brutalité, je l'empoignai avec fureur, & j'allois l'écraser sous mes pieds, quand ma mere voulut se lever & venir nous séparer. Ce fut dans ce moment critique que nous entendîmes un grand bruit à notre porte, qui, sur le refus d'ouvrir, fut enfoncée, & que nous vîmes sept à huit Archers, la bayonnette au bout du fusil. Le Capitaine entra, qui voyant ma mere qui me saisissoit à brasse-corps, le jeune homme qui s'étoit relevé & qui vouloit me reprendre, & moi qui gesticulois à droite & à gauche pour me défendre contre l'une & contre l'autre, fit faire main-basse & sur la mere & sur le beau Marquis.

Vous peindrai-je, cher Lecteur, l'attitude de Madame la Comtesse & de Monsieur le Marquis, il suffit de vous dire qu'ils demeurerent pétrifiés, à cette vue inattendue, tels que les fables nous représentent ceux que la terrible Tête de Méduse changeoit en statues, en leur conservant la posture où ils étoient. Moi, saisie de joie, je me débarrassai sans peine de mes adversaires & courus me jetter entre les bras du Capitaine : puis criant au secours, je m'évanouis. On eut vîte soin de me faire revenir, & j'eus assez de raison pour voir toute la suite de cette affaire, curiosité qui servit beaucoup à me ranimer.

Je vis au retour de mon évanouissement ma mere interrogée laconiquement & remise entre les mains des Satellites qui la conduisirent au carrosse qui l'attendoit, & que le Lieutenant du Ca-

pitaine avoit pris avec un second pour le jeune
Marquis. On fit les mêmes questions au Marquis
qui se jetta aux genoux du Capitaine, en le priant
de ne le pas perdre. On le fit relever, on lui défendit les cris, & on le conduisit dans l'autre carrosse, où il fut mené dans les prisons publiques. On
emmena également l'Hôte & l'Hotesse, pour sçavoir d'eux la conduite de toute cette intrigue.

Dès que le Chevalier *du Catel* eût vu de son carrosse toute cette cérémonie, il le fit avancer; mais
voyant que l'on emmenoit l'Hôte & l'Hôtesse, il
pria de les faire remonter, qu'ils étoient peut-être
innocens de tout ceci, qu'il suffiroit qu'ils fissent
leur déclaration chez Monsieur le Sénateur où ils
seroient conduits, sauf les ordres du Magistrat au
contraire. L'Hôte & l'Hôtesse remercierent le
Chevalier *du Catel*, & promirent de dire tout ce
qu'ils sçavoient.

Des que le Chevalier entra, je me doutai que
je devois cette délivrance à ses soins, je l'accablai
de caresses, & lui m'embrassa du plus intime de
son cœur: je ne cessois de lui dire que je l'estimois
au suprême degré. Consolez-vous, me dit-il, ma
chere ame, j'ai tout découvert, c'est moi qui ai
fait tout ceci. Je vous dirai le comment dans la
suite: il faut faire transporter ces malles dès à
présent

préfent dans une voiture, (que fit venir l'Hôte,)
& nous en aller chez Monfieur le Sénateur qui
nous attend à fouper , & où vous vous retirerez ,
parce qu'il y a un appartement préparé pour
vous ; ainfi ne craignez plus rien.

Enchantée , comme vous pouvez vous l'imaginer , de toute cette entreprife , je lui déclarai
dans la fincerité de mon ame que je m'abandon-
nois à fa conduite, & que dès à préfent mamain ,
ma foi , mon cœur étoient à lui.

Nous defcendimes enfemble, le Capitaine nous
fuivit & nous allames chez le Sénateur qui me reçut avec la décence , l'honnêteté & la politeffe la
plus flatteufe. Que je fuis heureux , me dit-il ,
d'avoir fignalé l'exercice de ma charge par une
action auffi glorieufe pour moi ! Je fçais qui vous
êtes , & qui vous amene ici. M. le Chevalier que
voici m'a inftruit de tout ; & Madame (en s'adref-
fant à la Flamande) a certifié la vérité de fon difcours. Vous êtes libre , vous tiendrez compagnie
à Madame, vous ne fortirez point d'ici & je donnerai les mains à accélérer votre mariage. Après
ce compliment il me quitta pour fe faire rendre
compte de l'évenement par le Capitaine. Pendant
qu'ils raifonnoient enfemble, je m'aprochai de la
Flamande, qui étoit avec le Chevalier : cette fem-

M

me sage & vraiment vertueuse rendit grace au
Ciel de ma délivrance , & me donna son amitié
que je me suis efforcée de mériter.

Quand le Capitaine eut rendu compte au Sénateur , il se retira , & le Sénateur s'approchant
de la Compagnie, dit : Cette affaire est plus sériue-
se qu'on ne pense , si les faits sont aussi vrais que
le Capitaine vient de me les rapporter. Il nous
dit en substance ce que le Capitaine lui avoit dit :
l'état où il nous avoit trouvés aggravoit toutes les
circonstances. Il faut un exemple , dit-il ; tous les
jours nos oreilles sont choquées de ces transfuges
du libertinage le plus odieux. La France fourmil-
le de ces crapuleux enlevemens , il en faut purger
Amsterdam ; le Sénateur fut interrompu , on vint
avertir qu'on avoit servi. Le Sénateur me donna
la main , le Chevalier la donna à la Flamande. Je
ne pus pas manger , tant j'avois le cœur serré , de
l'exemple que le Sénateur alloit faire sur ma mere ;
j'avois déjà oublié toutes ses horribles perfidies ,
pour ne penser qu'à la tirer d'une aussi fâcheuse affaire. Qu'avez-vous , me dit la Flamande , à côté
de laquelle j'étois ? Vous êtes délivrée , vous êtes
en sûreté , que vous faut-il de plus ? Hélas ! lui dis-
je en confidence : mais je serai deshonorée , par
l'exemple que M. le Sénateur vient de nous dire

qu'il feroit fur ma mere. Laiffez-moi faire, me dit
cette femme, je lui ferai prendre des précautions
qui empêcheront le déshonneur ; tranquillifez-
vous, mon petit cœur. Le Sénateur, qui voyoit
couler mes pleurs, demanda à la Flamande ce qui
les occafionnoit : la Flamande lui redit ce que je
venois de lui confier. Ne craignez rien, Mademoifelle, me dit le Sénateur, votre mere ne fera
point compromife : c'eft à vous à qui elle devra
fon falut, & comme vous ne prenez aucun intérêt au jeune homme, ce fera lui qui portera la
peine de tout, encore une peine qui ne le dèsho-
norera pas. Laiffez-moi faire.

Je fus tranquille dès-lors, & je m'amufai.
Après le fouper on nous mena dans nos appartemens. Le Chevalier *du Catel* alla à une Auberge
proche de la demeure du Sénateur, paffer la nuit.
Le lendemain le Sénateur envoya chercher l'Hôte
& l'Hoteffe qui avoient reçu ma mere. Ces deux
gens innocens lui raconterent que le jeune Seigneur avoit fait meubler à fes frais fon appartement pour y recevoir la Marquife *de Ducats* fa
femme, que la Comteffe *d'Ul...* fa mere ame-
noit avec elle. Leur bonne réputation & leur fincérité les fauverent des peines de la Juftice, il leur
fut enjoint de mettre en paquet les meubles & au-

tres choſes qui compoſoient le ménage, & de les apporter chez le Sénateur en ballot, enſuite il donna ordre d'envoyer chercher ma mere.

Madame le Comteſſe d'*Ul*. . . . avoit réfléchi pendant la nuit, elle n'avoit rien à répliquer aux chefs d'accuſation dont elle ſentoit l'importance, elle ne pouvoit ſçavoir comment leur arrivée avoit été déjà portée aux oreilles du Sénateur, elle ne pouvoit en accuſer le Chevalier qui ignoroit l'arrivée du jeune *Vilhomme*, au moment qu'il nous avoit quittés. Dans cette criſe d'incertitude elle rêva aux moyens qu'elle allegueroit en ſa faveur; ne s'imaginant pas que le Chevalier *du Catel* eût tout découvert, elle bâtit une hiſtoire, ou plutôt elle continua de feindre, qu'autoriſée de ſon mari, elle avoit amené ſa fille à Amſterdam pour la marier avec le Marquis *de Ducats*. Fiere de cette affirmative, elle ſe laiſſa conduire avec aſſurance chez le Sénateur

La gravité de ce Sénateur l'émut, les minauderies de Madame d'*Ul*.. ne l'ébranlerent point. Le Sénateur ayant fait retirer ſon monde, lui dit : Madame, quelle conduite indigne & miſérable venez-vous tenir ici ? Vous, femme de condition ! vous deshonorez votre nom, votre état & votre mari ; vous proſtituez votre fille à un petit Frelu-

quet François ? & vous choisissez le centre de la
vertu pour y faire graver l'infamie la plus honteuse ! Rendez graces à Mademoiselle votre fille,
qui par ses larmes m'a touché au point de vous
laisser la liberté, faites en sorte d'en profiter, mais
cette liberté dépend de votre aveu ; songez qu'on
n'excuse ni on ne pallie point ici les crimes de cette nature ; la loi est sévere & exactement observée.

Madame d'*Ul...* reprenant sa fierté lui dit d'un
ton assez haut : Je ne m'imaginois pas, Monsieur,
qu'une femme telle que moi pût éprouver dans un
Pays de liberté, l'infamie d'une prison, & qu'elle
fût abaissée au point de devoir sa liberté à sa justification. Je suis venue ici par ordre de mon époux
pour marier ma fille avec M. le Marquis *de Du-*
cats ; hier au soir vos Gardes nous ont surpris dans
un moment de gaité où nous badinions, & cette
badinerie est l'effet, dites-vous, d'une indigne
prostitution ! Que de grands mots qui ne signifient
rien ici, & qui osent m'accuser du crime le plus
infâme ! J'ai tort, lui dit le Sénateur, & les circonstances m'ont trompé, si vous justifiez votre
conduite par l'ordre de votre mari : vous l'avez,
sans doute, cet ordre, sans lequel qui que ce soit
n'eût été assez téméraire que de former cette union ;
montrez-le-moi, Madame, & vous serez libre.

Madame d'*Ul....* pâlit & fut déconcertée ; cependant se remettant , elle dit ; Monsieur , cet
ordre est dans mes valises. Les voilà , Madame ,
reprit sur le champ le Sénateur ; je vais donner
ordre qu'on vous les apporte. Mais, Monsieur ,
lui dit-elle, qu'ai-je besoin de montrer l'ordre de
mon mari ? je suis mere & je dois en être crue sur
ma parole. Madame , lui répliqua le Sénateur
qui jouissoit avec plaisir de l'embarras de ma mere,
vous n'avez point d'ordres de M. d'*Ul....* c'est
moi qui les ai ; tenez , Madame , lisez. Le mariage de Mademoiselle votre fille est arrêté avec M.
le Chevalier *du Catel*; il est ici avec Mademoiselle votre fille. Ah ! scélérat ! s'écria ma mere toute
transportée de fureur ; quoi , *du Catel* est ici avec
ma fille !.... Puis se repentant d'avoir fait voir
les premiers mouvemens de sa surprise , elle se radoucit , & lui dit ; Monsieur , les choses étant
ainsi, je vais vous dire ce qui en est; ce jeune homme aime éperdument ma fille ; je lui ai fait confidence de notre départ ; il nous a devancées ici ,
& c'étoit seulement pour la voir pour la derniere
fois qu'il m'avoit prié de jouer ce petit tour au
Chevalier *du Catel*. Mais , Monsieur , en s'interrompant , pourrois-je voir ma fille ! Non , Madame, lui dit le Sénateur, il n'en est pas encore tems ;

il féut me donner votre confentement par étrit ; je l'éxige de vous. Sans pénétrer plus avant dans vos intentions , je veux bien , Madame , m'en rapporter à ce que vous venez de me dire. Ma mere refufa , le Sénateur s'obftina : ma mere capitula , & enfin donna fon confentement dans la forme que lui prefcrivit le Sénateur ; après quoi faifant entrer le Capitaine qui l'avoit amenée , il lui donna ordre de la reconduire en prifon , d'en avoir un grand foin , mais de ne la laiffer voir à perfonne.

Peu après le jeune homme fut amené ; cette fcene fut divertiffante. J'ignorois , quand le Sénateur nous eut mandés , qu'il avoit déjà expédié l'affaire de ma mere : j'étois pour lors dans la chambre de la Flamande où le Chevalier *du Catel* étoit venu nous joindre ; nous étions d'une gaité & d'une tranquillité parfaite; l'ordre du Sénateur nous déconcerta; nous defcendons & parvenons auprès du Sénateur, qui nous dit de nous mettre dans un cabinet attenant fa falle qui avoit une porte vitrée , pour nous donner le plaifir de la comédie qu'il alloit jouer avec le petit perfonnage. A peine fumes nous logés, le Chevalier & moi, dans le petit cabinet ; à peine eumes nous collé nos yeux fur la vitre, (j'oubliois de vous dire que la Flamande étoit de la partie,)

M iiij

que parut le petit Financier : le Sénateur, assis dans
un fauteuil, vit debout soumis à son jugement un
de ces enfans de Plutus qui font trembler la Nation
Françoise ; il parut d'un air à demi assuré & à demi
effrayé : qui êtes-vous, lui dit le Sénateur, dès qu'il
l'eut apperçu? Je suis, lui dit-il, le fils du Marquis de
Ducats, Fermier Général des fermes unies du Roi
de France. Vous ! Marquis ! lui dit le Sénateur, je
n'aurois jamais cru qu'aucun homme de condition fût Fermier Général ; je ne dis pas qu'il ne puisse
y en avoir, l'état n'a rien en lui-même qui puisse
souffrir absolument d'incompatibilité ; mais comme j'ai la liste des Fermiers de France, cherchez
vous-même si vous en trouverez un de ce nom ; le
Sénateur lui lut cette liste, & s'arrêtant au nom de
Vilhomme, n'est-ce pas lui qui est votre pere, mon
petit Marquis? c'est un fort honnête homme, qui
n'a jamais eu de Noblesse dans sa race. Il est de *Vire*
en Normandie ; son pere & sa mere étoient pauvres, ils sont morts depuis peu ; votre pere à passé
par les degrés du bureau, Receveur des tailles,
Sous-Fermier, & enfin Fermier Général, & vous
avez sa survivance ; mais passons sur les qualités.
Qui vous amene ici? qu'avez-vous fait hier au soir?
quel scandale, quelle barbarie, quelle infamie y
avez-vous commis? Le pauvre petit Financier ne

put s'empêcher de se jetter aux pieds du Sénateur & de lui avouer qu'il avoit été corrompu par la mere de cette jeune Demoiselle , qu'il lui avoit donné cent mille livres , & que c'étoit elle qui avoit fabriqué ce complot ; qu'il sçavoit qu'elle aimoit le Chevalier *du Catel* qui étoit ici , & qu'il devoit épouser sa fille. Mon tort, ajouta-t-il, est de m'être obstiné à aimer une fille sage & vertueuse, & d'avoir trouvé dans la mere la plus méprisable des femmes. Le Sénateur pénétré d'un action aussi affreuse , voulut se ranger contre la mere ; mais dissimulant son ressentiment , & voulant finir avec ce jeune homme qui n'avoit d'autre tort que d'avoir saisi les conseils d'une femme abominable , lui dit : Monsieur , vous devez votre grace à votre sincérité ; faite des excuse à Mademoiselle d'*Ul....* & à M. le Chevalier *du Catel* : Mademoiselle, paroissez , me dit le Sénateur. Sur le champ nous ouvrimes la porte, & vimes le prétendu Marquis à genoux , pleurant amerement ; à notre vue la confusion couvrit son visage , & d'une voix entrecoupée de sanglots , il s'accusa coupable , fit réparation à moi & au Chevalier. Nous intercédames pour lui ; le Sénateur lui donna ordre de se relever , ce qu'il fit : alors le Sénateur satisfait de l'humiliation du jeune Financier,

lui dit: Monsieur, mon dessein étoit de vous renvoyer pieds & mains liés à Monsieur votre pere,
& de faire suivre vos ballots que j'ai fait conduire ici ; mais votre ingénuité & votre sincérité pré-
vaudront sur mes premiers desseins ; faites emmener tous ces ballots vous-même & retirez-vous.
Le jeune homme vraiment repentant se remis à
mes genoux pour me prier d'accepter tout ce qui
étoit dans les ballots, étant des meubles destinés
pour moi ; que j'en aurois besoin ici. Je refusai
constamment des choses qui ne devoient servir
qu'à ma prostitution ; & le remerciant, je le priai
de ne m'en plus parler. Cependant, par évenement je fis fort mal, ma fierté manqua dans ce
moment de me devenir fatale.

Quand le jeune *Vilhomme* démarquisé, fut sorti,
le Sénateur nous fit part de la conversation qu'il
avoit eue précédemment avec ma mere. Quelle
misérable ! s'écria le Sénateur, il ne faut pas qu'elle
soit témoins de votre mariage : je lui ai fait donner son consentement par écrit, le voilà : à présent
préparez-vous, heureux amans, à recevoir la bé-
nédiction du Prêtre que vous voudrez choisir ;
mais que ceci se fasse à mon insçu.

Nous concertames avec la Flamande comment il faudroit s'y prendre. Comme elle sçavoit

l'ufage du pays, elle eut bientôt conclu notre hyménée, qui fe fit quelques jours après. Nous demeurames à Amfterdam pendant près de trois mois; mais avant de décrire notre départ de cette ville, il faut revenir à Madame la Comteffe d'*Ul*. . . . .

Cette pauvre Comteffe avoit le tems de rêver à fes affaires, elle ne fçavoit point quand elle feroit délivrée; elle étoit inquiette de fon Financier: enfin quand notre mariage fut fini, & que nous eumes donné le tems à nos plaifirs, que le fouvenir de ma mere n'interrompit point, parce que j'étois fure qu'il ne lui arriveroit rien de fâcheux, ma mere parut par ordre du Sénateur, ordre dont lui-même nous avoit prévenus; nous rentrames tous dans le petit cabinet à porte vitrée, pour paroître au premier fignal du Sénateur. Madame, lui dit-il, rendez graces à votre fille & au Chevalier *du Catel* votre gendre, fi je ne vous fais pas punir autrement; écoutez-moi, & voyez fi je dis la vérité. Le Sénateur lui ŷt part de tout ce que lui avoit dit le faux Marquis; après quoi, il dit à ma mere; eh bien! Madame, que dires-vous de tout ceci? votre infâme conduite m'eft-elle connue? vous devriez mourir de honte! je vous abandonne à vos remords, fi vous êtes capable d'en

avoir. Ma mere voulu répondre , mais le Sénateur lui imposa silence , en lui disant : qu'avez-
fait des cent mille livres que le jeune Financier
vous a remises pour prix de la vente de la sagesse
de votre fille ? A ces mots , la Comtesse déconcertée tomba à ses genoux , & lui avoua que c'étoit
pour donner une dot honorable à sa fille pour la
marier avec M. le Chevalier *du Catel* qu'elle esti-
moit ; mais qu'elle n'avoit jamais eu dessein de
laisser pousser les choses jusqu'à l'extrémité . . . . .
Ma mere se tut en cet endroit , & le Sénateur se
levant , s'écria en nous adressant la parole ; paroissez , mes chers enfans ! dit-il : nous entrames,
nous vimes ma mere à genoux , elle n'avoit pas
la force de se relever ; je voyois à ses traits la fureur , la colere , peintes sur sa physionomie ; son
corps frissonnoit , ses mains & ses genoux trem-
bloient, mais c'étoit de rage, qu'elle cachoit sous
un mouchoir dont elle se couvroit le visage. Je
courus à elle , je l'embrassai ; elle souffrit mes caresses , mais je ne m'y fiois pas ; elle se releva cependant avec peine ; M. *du Catel* la soutenoit,on
la fit asseoir,le Sénateur ayant un peu radouci de
sa fierté ; lui dit : Madame , ne pensons plus au
passé, je vous pardonne, dès que vos enfans vous
pardonnent,; aimez-les , & songez à réparer ce

que vous avez entrepris , par une conduite fage
& vertueufe : allez , Madame , vous trouverez
une chaife de pofte au fortir d'ici pour vous conduire à Paris ; faites en forte que je ne vous re-
voye plus ici.

Ma mere nous dit adieu ; nous la conduifimes
dans fa chaife de pofte , elle partit & nous rentrames. Mon amour-propre avoit fouffert de voir ma
mere fi humiliée ; mais enfin elle le méritoit , & je
vous avoue que je ne la plaignois pas ; heureufe ,
fi elle eût fçu faire de cette aventure un ufage conforme aux leçons du Sénateur !

Il y avoit déjà bien un mois que nous étions, le
Chevalier & moi , chez le Sénateur , à nous divertir & à nous amufer ; quand un matin le Sénateur me fit avertir , & mon mari , qu'il avoit à nous
entretenir. Quand nous fumes devant lui , il nous
montra des lettres qu'il venoit de recevoir de Paris
elles font , nous dit-il , de M. *Vilhomme* pere ; voici
ce qu'il me remarque : „ Mon fils eft arrivé ici il y
„ a environ trois femaines. Je n'ai pas été peu fur-
„ pris d'apprendre de lui-même la conduite qu'il
„ avoit tenue à Amfterdam, la façon dont vous l'a-
„ vez traité , & la converfion de fon cœur qu'ont
„ opéré vos fages remontrances. Je ne peux que
„ vous en témoigner ma vive gratitude ; j'aurois

» été charmé d'avoir pour fille la Demoiselle
» qu'il n'a pas pus corrompre ; elle est sans doute
» mariée à présent à M. le Chevalier *du Catel* :
» comme je sçais qu'ils ne sont point riches , je
» vous prie de leur remettre les billets que je vous
» envoye montant à cent mille livres , & de re-
» cevoir de ma main tous les billets qu'il a laissés
» chez vous ; c'est un amant plein de repentir qui
» les lui offre , c'est un pere plein de tendresse
» pour lui & pénétré de la plus vive estime pour
» la vertu de Mademoiselle d'*Ul.....* Sa mere est
» un indigne caractere ; sans sa fille je l'aurois
» fait arrêter ; elle est à Paris , je sçais où elle
» loge ; enfin , Monsieur , faites en mon nom
» accepter ces petits présens aux nouveaux
» époux , & qu'ils m'accordent leur amitié.
» Je suis , &c. »

Le conseil pris entre nous , le Sénateur décida
qu'il falloit reconnoître la gratitude de M. *Vilhom-*
me , & accepter ses présens ; qu'il se chargeoit de
lui répondre qu'il n'avoit pas moins fallu que ses
prieres pour nous porter à accepter des dons que
l'on avoit refusés de la part de son fils ; que les nouveaux mariés , & lui , étoient enchantés de sa con-
version. Mais que , quant à moi , je le priois de
laisser ma mere tranquille , & que je n'u tiendrois

compte de cette sage retenue par l'estime la plus parfaite. Les ballots que le Sénateur croyoit déja bien loin, se trouverent où ils avoient été placés au sortir de l'auberge; & nous reçumes cent mille livres: le tout me servit de dot que le Sénateur fit reconnoître au Chevalier, m'appartenir.

Nous nous occupames depuis ce tems à nous déterminer à rester à Amsterdam, ou à retourner à Paris; il y avoit de la difficulté dans l'un & l'autre parti. D'un côté, le Chevalier quittoit sa Patrie, ses grades, ses espérances, ses amis, sa famille; d'un côté opposé, il couroit risque à Paris que son mariage fut découvert: la qualité de Comtesse que nous croyions réelle, réparoit en quelque sorte sa mésalliance; mais cette qualité étoit-elle fondée; il craignoit la colere de ses parens, la fureur de sa tante; & c'étoit aussi ma crainte: je penchois pour Amsterdam; nous pouvions prendre un appartement à bon compte dans cette ville, nous y étions protégés, nous pouvions vendre ce que nous avoit laissé M. *Vilhomme*, tout en étoit précieux, & nous faire, de la somme, jointe à notre argent, un fonds suffisant pour mener une vie honnête, telle qu'elle se mene dans cette République. Mon mari, avec la protection du Sénateur, pouvoit être employé dans les Armées de la République; enfin nous pouvions réparer ce que le fort nous auroit enlevé en reftant en France, & fur tout à Paris. Nous propofames au Sénateur nos réflexions, ainfi qu'à la Flamande ; & il fut décidé que nous refterions à Amfterdam. Helas ! pourquoi le Ciel nous envia-t-il ce bonheur ; mais, que dis-je ? l'Etre fuprême eft le maître de décider de notre fort : eh ! nous eft-il permis de nous révolter, quand il lui plaît de nous éprouver ? Si notre retour en France fut la caufe de mon déreglement & de mes peines, à qui dois-je en imputer la faute ? finon à mon propre cœur, finon à ma propre vanité. Loin d'ici ces néceffités du fort, ces fatalités du deftin ! loin d'ici cette force fupérieure de l'afcendant ! c'eft ma faute ! c'eft ma très-grande faute ! Dieu que j'implore, Nature que je refpecte ; fi j'ai méprifé l'un, fi j'ai proftitué l'autre, c'eft ma faute ! c'eft ma très-grande faute ! Philofophes infenfés ! qui ne connoiffez d'autres Dieux que la Nature ; Ridicules romanefques ! qui ne connoiffez d'auttes regles de notre conduite que le hafard, & d'autre morale que celle de nos fens ! vous pouvez impofer le joug de vos extravagances à la corruption des mœurs ; reconnoiffez que le cœur de l'homme peut être furpris, qu'il l'eft même ; mais qu'il n'eft jamais impie qu'en s'attachant à vos maximes.

Fin de la premiere Partie.

HISTOIRE

NOUVELLE,

DE MARGOT

DESPELOTONS,

OU LA GALANTERIE

NATURELLE.

HISTOIRE NOUVELLE,

DE MARGOT

DES PELOTONS,

OU LA GALANTERIE NATURELLE.

SECONDE PARTIE.

A GENÈVE.

M. DCC. LXXV.

HISTOIRE NOUVELLE,

DE MARGOT DESPELOTONS,

OU LA GALANTERIE NATURELLE.

Nous avions donc réſolu, le Chevalier *du Catel* & moi, de fixer notre demeure à Amſter-dam, & d'abandonner Paris & la France. Nous goûtions déjà la vertu, les mœurs, & la ſageſſe des Nationaux ; nous étions à portée d'y être honorablement reçus, & de hanter la meilleure compagnie ; déjà même nous nous occupions de choſes néceſſaires à notre établiſ-

sement, lorsque le Chevalier *du Caltel*, mon
mari, reçut une Lettre de la part de sa tante,
écrite par une de ses amies, conçue en ces
termes. » Votre départ de Paris, votre longue
» absence, ont donné lieu aux allarmes de
» votre chere tante, & l'ont réduite aux portes
» de la mort ; je viens d'apprendre que vous
» étiez à Amsterdam ; je vous y écris à son
» insçu ; mais aussitôt la présente reçue, arri-
» vez promptement à Paris, si vous voulez
» encore jouir des embrassemens d'une tante
» à laquelle vous êtes cher. Adieu, mon cher
» Chevalier, je suis, &c. » Le Chevalier me
montra cette Lettre avec précipitation & les
larmes aux yeux. Je la lus, il n'y eut point
d'autre parti à prendre que celui de partir dans
l'instant ; nous en fimes part au Sénateur & à
la Flamande, qui lui conseillerent ce départ,
en l'assurant qu'ils auroient soin de moi. Je
portois déjà dans mon sein le fruit de notre
mutuel amour. Le Chevalier prit congé de moi
le cœur pénétré de la plus vive tendresse ; je
pouvois à peine le consoler. On ignore notre
mariage, lui disois-je ; après tout, nous avons
renoncé à toutes les successions de la France ;
qu'avez-vous à craindre ? allez, partez, mon

cher Chavalier ! aimez-moi , & donnez-moi
souvent de vos nouvelles.

Le Chevalier partit enfin ; mais à peine arrivé fur les frontieres de France , il eſt arrêté
par ordre du Roi & conduit au Château de.....
Il eſt intéreſſant de vous dire comment la
nouvelle de notre mariage étoit parvenue à la
tante & à la famille de mon mari. Ma mere
outrée, en partant d'Amſterdam , de l'humiliation qu'elle y avoit eſſuyée , & privée de ſa
chere fille , ou plutôt des reſſources capables
de ſatisfaire ſon avarice par mon mariage ;
étant d'ailleurs connue dans pluſieurs endroits
de Paris pour une intrigante , ſe rendit dans
un quartier éloigné de ſes premieres habitudes ; là , avec l'argent qu'elle avoit , elle s'y
établit ſous la qualité de veuve d'un Marchand
d'Amſterdam. Elle faiſoit dans ce quartier une
figure honnête ; un Négociant d'Hollande la
vint voir ſous ce nouveau nom : elle s'en ſervit
pour avoir à Amſterdam des connoiſſances qui
lui étoient néceſſaires pour être inſtruite de nos
diſpoſitions ; ayant appris que nous avions
réſolu de fixer notre demeure à Amſterdam ,
elle crut tous ſes projets dérangés , parce
qu'elle ne pouvoit plus avoir l'eſpérance de
L iiij

me revoir. Elle avoit appris que le pere de
son petit Financier nous avoit fait présent de
cent mille livres & de tous les meubles qu'elle connoissoit. Cette perte lui fut sensible : elle
en porta la fureur au dernier période. Elle
sçavoit l'éloignement de la tante de mon mari
pour mon mariage , & que lui-même craignoit les suites d'une exhérédation , qui le pri-
voit de tout son bien-être. Elle prit donc la
précaution de traverser nos vues : pour cela
elle se présenta sous le titre de veuve , ainsi
que je l'ai déjà dit , à la tante du Chevalier
du Catel ; elle venoit , lui dit-elle , lui apporter
des nouvelles de son neveu. La tante charmée
de trouver son neveu , & informée de son
mariage avec *une je ne sçais qui* , ainsi que
s'étoit exprimé ma mere , porta ses plaintes à
sa famille. Tous de concert avoient obtenu
un ordre du Roi pour l'enfermer jusqu'à ce
que son mariage eût été déclaré nul : cet
effort n'étoit pas difficile à exécuter ; je le
croyois pour-lors impossible ; mais pour pouvoir arrêter le Chevalier , il falloit un prétexte qu'on ne put fonder sur de meilleures
raisons , que sur celles de la maladie dange-
reuse de sa tante. Ce projet , aussi bien con-

certé, ne réuſſit que trop. Voilà une des premieres épreuves que j'ai eu à eſſuyer depuis
mon mariage.

Il y avoit déjà prés de quinze jours que
mon mari étoit parti, ſans en avoir reçu de
nouvelles. Je m'allarmois ; on cherchoit à me
conſoler ; mais je ne me conſolois point. Un
noir affreux ſe répandit dans toute mon imagination ; de terribles preſſentimens troubloient
ma raiſon ; on tentoit de m'égayer ; mais en
vain. Ce fut dans cet état que je reçus une
Lettre de ma mere. Quelle mere, grand
Dieu ! mais quelle qu'elle ſoit ; reſpectons
la Nature & ſes droits ; & déplorons ſon
aveuglement.

» Vous avez cru, ma chere fille, pouvoir
» vous paſſer de moi, & vous venger des
» conſeils qui vous éloignoient du mariage
» ſecret que vous avez contracté avec *du Catel* ;
» vous ſçavez ce que je vous ai dit à ſon ſujet ;
» vous m'avez accablée de la plus indigne
» confuſion, quand j'étois prête à y mettre
» obſtacle ; vous voilà réduite à une condition
» bien plus affreuſe. *Du Catel* a été arrêté, en
» entrant en France, par ordre du Roi ; tou-
» te ſa famille eſt liguée pour faire caſſer votre

» mariage ; qu'allez-vous faire ; qu'allez-vous
» devenir ? Je vous tends les bras, ma chere
» fille ! Prenez avec vous tout ce que vous
» avez ; vendez ce que vous ne pouvez em-
» porter ; & venez chez moi. Je vous donne
» mon adreſſe, parce que j'ai changé de nom
» & de demeure, de peur d'être expoſée au
» reſſentiment de vos odieuſes pourſuites. J'ou-
» blie tout, ſi vous rentrez en vous-même,
» je ſuis toute à vous. »

Quel coup de foudre pour mon amour, pour
ma vanité & pour cette vertu que je poſſédois
encore ! Quelle affreuſe perſpective pour un enfant que je portois autant dans mon cœur que
dans mon ſein ! Je n'eus pas plutôt lu cette fatale Lettre que je ſentis pour la premiere fois
s'élever tous les ſentimens de fureur & de vengeance ; cependant, réfléchiſſant ſur mon im-
puiſſance, je repris la Lettre pour la relire encore ; je ne pus achever & tombai évanouie ſur
le carreau. Ma chûte fit du bruit, on entra dans
ma chambre, on me releva, & à force de ſoins
on me fit revenir. A peine eus-je repris mes ſens,
qu'une abondance de larmes m'inonda ; la Flamande étoit à mes côtés, qui partageoit mes
peines ſans les connoître. On avoit averti de cet

accident le Sénateur, qui monta précipitamment: il s'informa de la caufe de cette indifpo-
fition ; mais perfonne ne pouvoit lui en rendre
compte ; voyant à terre la Lettre qui m'avoit faifie, il jugea que cet écrit pouvoit être la caufe
de ma maladie : il la ramaffe & la lit ; lui-même, indigné de tout ce que lui apprenoit cette
Lettre, s'avança vers moi & me confola avec
plus de fuccès, en me promettant fa protection ; c'étoit en effet de fon fecours dont
j'avois le plus befoin. Mes yeux s'ouvrirent
enfin ; ma langue fe délia, & jettant mes regards à droite & à gauche, je fis de triftes plaintes fur l'évenement qui donnoit lieu à mes pen-
nes & à leur trifteffe. Ayant écouté avec attention les affurances les plus vives de la protection du Sénateur, je repris mes forces & eus
le courage de me relever du lit où l'on m'avoit
jettée : on laiffa un libre cours à mes larmes ;
je me fentis foulagée ; & toute la compagnie
étant retirée, le Sénateur me dit, en préfence
de la feule Flamande, qu'il fçavoit la caufe de
mes malheurs, qu'il falloit la cacher à tout le
monde, qu'il falloit que je paruffe fans autre
marque que celle d'une foibleffe inopinément
furvenue. Je goûtai ces fages confeils, & me

remis dans mon affiette ordinaire. Je confervois mes larmes pour la nuit, & une joie apparente pour le jour.

Le Sénateur prit la précaution de fe faire informer de tout ce qui fe paffoit à Paris à cette occafion. On lui apprit en effet l'éclat que cette affaire avoit fait, & les pourfuites rigoureufes dont on accabloit le Chevalier *du Catel* : qu'il avoit de forts amis, mais que tous étoient indignés du mariage qu'il avoit contracté avec la fille d'une Ravaudeufe, dont la mere s'appelloit ci-devant *Margot des Pelotons* ; qu'il falloit caffer ce mariage, pour faire un exemple fur la Jeuneffe ; que cette femme, d'ailleurs mere de l'époufe du Chevalier, étoit une femme connue par un libertinage qui demandoit une févérité égale à fa proftitution ; que la tante du Chevalier lui offroit une donation de tous fes biens, s'il vouloit donner fon confentement à la rupture ; qu'à tous événemens, il ne fortiroit pas de fa prifon qu'au préalable il n'eût donné ce confentement dans toutes les formes ; que le Procès étoit au Parlement, & que dans peu cette affaire finiroit.

Les chofes cependant traînoient en longueur; le Sénateur ne cherchoit qu'à me raffurer ; il ne me faisoit part d'aucun de ses mouvemens, encore moins des éclaircissemens qu'il recevoit, n'étant ni à mon honneur ni à ma gloire ; car rien de si vrai que ce qu'on lui marquoit ; mais le Sénateur ne pouvoit y ajoûter foi : il prenoit tout ce qu'on lui écrivoit pour de faux bruits qui tendoient à appuyer la juste colere de la famille du Chevalier.

Cependant il n'étoit que trop vrai que le Chevalier, ennuyé de sa prison, & séduit par la donnation de sa tante, donna les mains à la rupture de mon mariage. On produisit enfin son consentement : Arrêt intervint, qui, fondé sur la nullité de mon mariage, sur la séduction de ma mere, & enfin sur le consentement du Chevalier, rompit une union si bien assortie. Le Sénateur me cacha tous ces évenemens. J'étois prête à être délivrée du fardeau d'un enfant qui devoit bientôt être illégitime. Le tems arrive enfin, j'en suis délivrée ; cet enfant mourut presqu'en naissant : la tendresse d'une mere n'y put être que sensible. Mes couches avoient été heureuses : j'entrai bientôt en convalescences. Ce fut pour-lors qu'on m'annonça la mort de ma fille : je pleurai amerement ; mais j'eus bientôt lieu d'en remercier le Ciel.

Tels étoient mes sentimens , quand le Sénateur vint un jour m'entretenir dans ma chambre tête-à-tête , & qu'il me fit part de toutes les nouvelles qu'il avoit reçues , qu'il me présenta les unes après les autres

Pendant cet entretien je fondois en larmes. Étoit-ce l'amour pour le Chevalier *du Catel* ? étoit-ce la vanité d'une alliance qui m'honoroit , & dont je me trouvois déchue ? étoit-ce enfin l'excès de mon amour-propre qui souffroit de la connoissance que le Sénateur avoit de ma naissance & de mon état , qui me faisoit verser des pleurs ? Je crois qu'au premier instant tous ces sentimens étoient d'accord pour m'accabler , mais au parti que je pris , c'étoit sûrement la crainte que le Sénateur n'eût certitude de mon état : quoiqu'il n'imputât ces bruits qu'à mes ennemis , ces bruits pouvoient se confirmer entierement par la suite ; c'étoit donc mon amour-propre qui m'agitoit : telle est l'exacte vérité. Je n'aimois point le Chevalier *du Catel* ; mais je l'estimois , & il étoit estimable. Le défaut de cette alliance pouvoit se réparer ; j'étois fille d'un Comte & d'une Comtesse : mon amour-propre , auquel jusqu'à présent rien ne s'étoit opposé , ne cessoit de me confirmer dans cette idée,

Le Sénateur m'engagea à calmer mes peines, à oublier un ingrat, à répéter contre lui
la dot du Financier ; que pour rétablir mes
affaires & ma réputation, il falloit me déterminer à partir pour Paris, & là me faire rendre justice. Il me pourvut de tous les titres
propres à faire voir la vérité de mon mariage
& de mes droits. Je goûtai ce conseil, plus
par la force de mon amour-propre que par sa
solidité. Je vendis mes effets, je remerciai le
Sénateur & la Flamande, & revins à Paris.

Aussi-tôt mon arrivée, je me logeai dans
un Hôtel garni, sous le nom d'un des parens
du Sénateur, qui m'avoit permis de le porter.
Ensuite je louai un Appartement fort commode, que je meublai en femme à son aise.
Je pris femme de chambre, laquais, cuisiniere ; & je fus bientôt reconnue dans le
quartier pour une femme du *bon ton*. Je ne
me pressai pas de recevoir compagnie ; mais
j'allai consulter mes droits chez un Avocat.
On intente procès contre M. *du Catel* pour la
répétition de mes droits ; c'étoit tout ce que
je pouvois espérer, mon mariage n'étant point
revêtu des formalités nécessaires pour faire un
titre en France : j'obtins un Arrêt sur mes

conclusions contre le Chevalier *du Catel*, qui fut condamné à me restituer la somme de 100000 liv. avec les intérêts, du jour qu'il avoit quitté Amsterdam.

Cette affaire fit grand bruit & parvint aux oreilles de Madame d'*Ul*...... qui, quoique méprisée par mon injurieux silence, depuis les Lettres qu'elle avoit écrites au Sénateur, qui étoient demeurées sans réponse, n'y prit pas garde de si prés. S'étant informée chez mon Avocat de ma demeure, elle vint un matin me voir.

Je fus effectivement surprise qu'un jour, étant encore dans mon lit, on m'annonça Madame *Durivals*, qui étoit le nom qu'elle avoit pris, & qu'elle n'avoit encore osé quitter, de peur de l'exécution des menaces de Monsieur *Vilhomme*. Ce nom m'en imposa ; je voulus me lever ; mais Madame *Durivals*, ne voyant plus personne dans ma chambre, se jetta à mon cou en m'embrassant bien tendrement. C'est donc vous, me disoit-elle, ma chere fille, mon unique enfant, ma tendre *Junon* ! Quoi ! Madame, lui dis-je étonnée ; eh ! pourquoi me, surprendre sous un nom emprunté ? Après ces embrassements elle s'assit sur un fauteuil à côté

de

de mon lit , & me fit le récit de fon état depuis fon départ d'Amfterdam.... J'ai tout perdu , ma chere fille , depuis ce tems : j'ai été
obligée de garder l'*incognito* ; les menaces
de Monfieur *Vilhomme* , l'affaire de votre mariage ; tout cet enfemble m'a déconcertée ,
au point que mes charmes ufés n'ont pu trouver de reffources ; ce qui m'a mife dans le cas
de vivre à mes dépens. Je fuis à préfent réduite
dans la mifere , & n'ai plus de quoi me foutenir : j'ai eu beau écrire à mon mari , je n'en
ai reçu aucune réponfe ; je n'avois donc plus
de reffources que dans votre amitié. J'ai écrit
au Sénateur , je n'en ai reçu aucune nouvelle :
jugez de mon état affreux. Un feul efpoir me
confoloit ; c'étoit celui de vous revoir à Paris ,
quand vous n'auriez plus rien qui vous atta-
châr à Amfterdam. L'affaire que vous avez intentée contre *du Catel* a percé mes oreilles :
vous avez obtenu un bon Arrêt ; je me fuis
informée à votre Avocat , de votre demeure ;
c'eft lui qui m'a donné votre adreffe & votre
nom fuppofé. Remplie de la plus douce con-
folation , je fuis accourue ici pour vous embraffer , vous prier d'oublier tout le paffé , &
de nous remettre enfemble. Vous fçavez que

II Partie. B

tout ce que j'ai fait n'a été que pour vous ; mais je suis si malheureuse que je n'ai pu achever ce que j'avois si bien commencé.

J'étois pendant ce discours de ma mere dans une étonnante perpléxité ; je la voyois dans un état digne de pitié. Elle étoit vétue avec des haillons pires que ceux qu'elle avoit dans son état de ravaudeuse. Ce n'étoit plus la soi-disante charmante Comtesse d'*Ul.....* mais véritablement. *Margot des Pelotons du coin des rues.* Cependant tout cet appareil n'étoit-il qu'un jeu ; étoit-ce vérité ? C'est ce que je ne pouvois approfondir ; il fallut m'en tenir à ce qu'elle m'avoit dit : la pitié se fit jour dans mon cœur, & ma tendresse me fit oublier tous les maux quelle m'avoit faits : son discours d'ailleurs me laissoit de vives impressions, voyant qu'elle déploroit, dans son état présent, plutôt ses prétendus charmes, que sa conduite ; & que son cœur étoit toujours le même.

Quoi qu'il en soit, je lui fis toujours amitié, & lui dis que je la recevrois avec plaisir, si elle vouloit changer de conduite avec moi. Elle consentit à tout, jusqu'à me protester qu'elle se mettoit dans une entiere dépendance, & qu'elle n'exigeoit de moi que le plaisir de rester

avec une fille qui lui étoit si chere. Nos paroles
données, je lui dis qu'il étoit nécessaire de louer
un Appartement dans un quartier inconnu,
où le nom d'*Ul*....... n'eût jamais pénétré, ou
bien où il fût oublié ; qu'elle y fît préparer
cet Appartement ; qu'elle se mît d'une façon
qui pût ne me point faire rougir ; enfin, qu'elle
le louât, sous mon nom de *Madame du Catel* ;
qu'elle revînt ensuite me voir sous son vrai nom ;
que j'arrangerois le tout avec M. *Vilhomme*,
l'assurant qu'elle n'auroit rien à craindre.

En effet, ma mere se conforma à ce que je
lui dis ; elle alla louer un étage au premier,
avec le rez de chaussée ; & le tout ensemble
composoit un très-bel Appartement. Je l'allai
voir, & j'en fus contente. Ma mere le meu-
bla de ce qui lui restoit & de ce que j'avois
acheté depuis mon arrivée à Paris, & le surplus fut acheté ; de façon que nous étions à
merveille : il ne nous manquoit qu'un Equipa-
ge pour être tout-à-fait *Comtesse*. Il n'étoit pas
difficile de voir le motif qui avoit jetté ma
mere dans une dépendance si grande envers
moi ; c'étoit l'espérance de s'approprier mes
cent mille livres, & de joindre cette somme
à ce qui lui restoit ; mais malheusement pour

élle, & encore plus pour moi, le Chevalier *du Catel* n'avoit rien, & sa tante avoit substitué la donation qu'elle lui avoit faite, par un testament auquel elle avoit peu survécue.

Nous vinmes donc habiter le Fauxbourg St. Germain, dans une rue où il n'y avoit que des Portes cocheres, & où le nom de la Comtesse d'*Ul*.... étoit fort indifférent. Ma mere avoit conservé sa femme de chambre; elle fondoit sur elle d'heureuses espérances. C'étoit une Biscayenne, fine, adroite, intéressée & dissimulée. J'avois amené la mienne que j'avois prise à Amsterdam; c'étoit une fort bonne fille; mais m'étant laissé captiver par les discours adroits de celle de ma mere, elle fit tant que je consentis à renvoyer la mienne, & à me servir de la sienne; mais je m'en défis bientôt après.

La premiere démarche que je fis dans Paris fut d'aller voir Monsieur *Vilhomme* : je sçavois que son fils étoit en tournée; je fus charmée de son absence. Ce pauvre bon-homme, qui avoit bien soixante ans, me reçut avec la plus grande joie du monde m'embrassa avec amitié, plaignit mon sort, & m'invita à dîner avec lui. Je fus sensible à son attention; j'acceptai ses offres, & je restai. Nous étions tête-à-tête, nous causames de mille riens ; il tâtoit ma figure, faisoit l'éloge de mes charmes ; & ce qui m'en divertissoit le plus, c'est qu'il employoit pour termes flatteurs les expressions de ses calculs. Jamais chiffre initial, me disoit-il ne m'a tant plu à voir, que celui qui marque votre beauté ; que de dixaines je voudrois ajouter aux millions de graces dont vous êtes pourvue ! Il me vint en idée, à tous ces discours flatteurs, & si originalement exprimés, que le bon vieillard étoit épris de moi. Ce fut pour-lors que ma raison vint au-devant d'une vertu que je n'avois point encore envie d'abandonner. L'amour n'étoit nullement de mon côté ; cependant l'intérêt se glissa dans mon ame ; ce premier pas étoit décisif ; il ne décida cependant pas. J'interrompis cette déclaration d'amour à la Financiere, en lui parlant de ma mere. Monsieur, j'ai avec moi ma mere, lui dis-je ; elle est venue me voir dans un état si affreux, que, par pitié, je l'ai prise avec moi ; vos menaces l'ont intimidée, & c'est-elle qui m'a sollicitée d'avoir l'honneur de vous voir ce matin ; car pour une premiere visite que je vous dois par toute sorte de reconnoissance, je n'aurois pas pris un tems si précieux pour vous; je fçais les ufages du monde; mais comme j'avois à vous entretenir en particulier, j'ai pris cette heure-ci, & j'en fuis enchantée. Ah! million de mon ame! fonds le plus précieux! tréfor admirable! que vos droits de préfence charment mon cœur! Comment pourrois-je m'en acquitter avec vous, continuoit-il, en prenant ma main qu'il baifoit avec tendreffe? A quelque heure que ce foit, vous ferez toujours la bien venue. Aimez-moi un peu, Tarif adorable. Jamais prife de corps contre nos fraudeurs ne m'a tant flatté que me flatteroit celle que j'impoferois fur votre admirable total. Mon fils eût été trop heureux de vous avoir pour femme; je lui pardonne toutes fes folies; les lui avez-vous pardonnées? Oui, Monfieur, lui dis-je, je les ai oubliées; il eft devenu fage, m'avez-vous écrit, à fon retour d'Amfterdam; j'en fuis charmée. Hé quoi! m'interrompit-il, vous ne fçavez donc pas qu'il eft marié? Non, Monfieur, lui dis-je; hé bien! tant mieux, en pourfuivant, ce fera le moyen de le fixer. Je ne connois plus, reprit M. *Vilhomme*, la Jeuneffe: à peine eft-elle née qu'elle eft folle, mais folle jufqu'à l'emportement; tel que vous me voyez, Mademoifelle, je n'ai jamais aimé que vous ; vous êtes la premiere en date ; je n'ai eu d'autre ambition que celle d'un coffre-fort. Je l'ai, Dieu merci, & bien garni ; bien fin qui me l'enlevera. Cependant j'ai grande peur, petite friponne, que vous ne soyez cette force contre laquelle j'ai toujours lutté ; croyez-moi, je vais vous donner un bon conseil. Vous êtes jeune, vous êtes sage ; méfiez-vous de la Jeunesse étourdie : prenez pour Amant un bon coffre-fort, un homme d'un âge mur ; tel que moi, par exemple : c'est le moyen de vous arranger, & d'être toute votre vie la plus heureuse femme du monde. A force de m'entendre répéter *coffre - fort*, je saisis la main qui l'ouvroit, & sous prétexte de remerciemens & de mille actions de graces, je l'embrassai avec une si véhémente vivacité, que ses doigts secs en sentirent de la douleur. il retira sa main, la frotta un petit instant, & voulant avoir sa revanche, me sauta au col & m'embrassa.

Ce pauvre homme se croyant aimé au premier coup d'œil, me demanda permission de sortir un instant. Son absence ne fut pas longue ; il revint m'apporter un Ecrin, qui étoit, dit-il, ce qu'il avoit toujours voulu garder pour se ressouvenir de sa femme, & me le

préſentant avec enthouſiaſme, il ajoûta: Voilà
une preuve que je vous aime, mon cher million; je vous donne ce petit tréſor de l'*Amour*
le plus ſincere; en voyant ces brillans ſur vous,
je me reſſouviendrai de ma femme: c'eſt en
faire un bien meilleur uſage que de les laiſſer
dans mon cabinet; à préſent donnez-moi votre adreſſe, & nous nous verrons avec liberté:
faites-moi avertir la veille quand vous voudrez me venir voir, & que ce ſoit le matin.
Vous jugez bien que cette converſation nous
mena juſques au ſoir; je pris congé de mon
amoureux Financier, & je le quittai. J'avois
envoyé chercher un Fiacre; le vieux *Vilhomme*
me conduiſit juſqu'à ſa porte d'entrée, d'où il
apperçut le Fiacre qui m'attendoit. Quoi! me
dit-il, vous n'avez pas d'équipage? Non,
Monſieur, je ne ſuis pas aſſez riche pour en
avoir un; eh bien! me dit-il, aimez-moi,
Chiffre charmant, & vous en aurez un. Bon!
lui dis-je, mais qui nourrira les chevaux &
entretiendra l'équipage? Laiſſez-moi faire,
aimez-moi, & tout fondra dans votre caiſe.
Ce fut après de telles aſſurances que je quittai
mon Millionaire & que je revins chez moi.

Je n'avois garde de m'expliquer avec ma

mere, je lui dis qu'elle pouvoit être tranquille, & que M. *Vilhomme* viendroit pour l'aſſurer
de toute ſon amitié. Ma mere fut ravie de
cette heureuſe réuſſite, & reprit ſon ton de
Comteſſe. Bien loin d'être dans la dépendance avec moi, elle reprit au contraire le ton
haut ; ce qui occaſionna dans la ſuite différentes altercations, qui finirent par nous ſéparer. Nous n'en ſommes point encore à cette
époque.

A peine fus-je rentrée dans mon appartement, que je priai ma Femme de chambre,
quand elle m'eût coëffée de nuit & qu'elle
m'eût miſe dans mon dèshabillé, de ſe retirer, en lui diſant que je me coucherois quand
le ſommeil me prendroit, & que j'allois m'a-
muſer à lire pour l'attendre. Dès que ma Femme de chambre fut ſortie, je pris mon Ecrin ;
il me parut ſuperbe ; en effet rien n'y étoit en
défaut, le travail m'en parut du dernier goût,
j'en fus ſurpriſe ; mais par la ſuite ayant appris que ce préſent avoit été deſtiné pour une
Maîtreſſe qu'il faiſoit trop ſoupirer après les
préſens, & qui l'avoit abandonné à la veille
de recevoir celui-ci, j'eus lieu de revenir de
ma ſurpriſe.

Quoi qu'il en foit, je reviens à mes réflexions ; que fignifie ce début ; me difois-
je à moi - même , ce bon homme m'aime ,
il veut me faire , fans doute , fa Maîtreſſe.
Quoi ! répliquois - je , moi , Maîtreſſe d'un
fexagénaire, non, non ! je n'en veux point. Mais
ſi je refuſe ſes careſſes , pourquoi prendre des
arrhes ? Non , renvoyons-les-lui , je n'ai pas
l'ame mercénaire ; ſi on m'aime , je veux aimer & jamais me vendre. Cependant je ne
ſuis point ſûre de ſa diſpoſition , il m'a bien
fait préſent de 100 mille livres ; celui - ci en
eſt une ſuite ; cependant s'il vouloit continuer,
je le ferai déclarer , & enſuite je prendrai le
parti le plus convenable. Bien convaincue de
la confiance en mes ſentimens , j'attendis M.
Vilhomme avec une pleine aſſurance. Ces réflexions faites , le cœur libre & ſatisfait , je
me couchai & m'endormis.

Le lendemain j'étois encore dans mon lit ,
quand le Chevalier *du Catel* ſe fit annoncer ;
je n'y penſois déjà plus , qu'autant qu'il étoit
neceſſaire que j'y penſaſſe pour me faire reſ-
tituer mes cent mille livres de dot. Je le
trouvai bien hardi de me venir voir , ſçachant
les pourſuites que je faiſois contre lui. C'eſt

peut-être pour s'accommoder avec moi , re-
prenois-je , qu'il vient ; faifons-le entrer &
écoutons le. Mais quand je vins à réfléchir
qu'il n'avoit pu tenir contre la penfée d'être
exhérédé , & que fans fon confentement jamais mon mariage n'auroit été fi aifément
rompu , je ne pouvois l'envifager qu'avec
indignation ; je voulus donc rétracter l'ordre
que j'avois donné de le faire entrer , mais
cette réflexion avoit été trop tardive , il entra
au moment que j'étois montée fur ma fierté.
Que venez-vous faire ici , Monfieur , lui dis-
je , fans lui donner le tems de me faluer ;
qu'y a - t - il de commun entre vous & moi ?
Ne fuis - je pas affez deshonorée par votre
conduite , fans accroître votre joie du plaifir
de voir ma confufion ? Pardonnez , charmante *Junon* , me dit *du Catel* , & écoutez-
moi. Je vous fuis infidele , cela eft vrai , je
vous ai deshonorée : mais toute la faute eft à
imputer à Madame votre mere ; c'eft elle qui
a prévenu ma tante & ma famille , qui m'a
livré aux fers. Ma tante n'a eu aucun pouvoir
pour me faire donner mon confentement : des
puiffances fupérieures m'y ont forcé ; ma famille , imbue des terribles préjugés que des

informations suspectes lui avoient fait prendre, faisoit des démarches qui ont allarmé
mon état & ma liberté : que pouvois-je opposer ? Ma tante a voulu me faire une donation de ses biens, je l'ai refusé, & je ne l'ai
point vue, même à sa mort. L'action que
vous avez intentée contre moi l'a irritée,
elle a fait un Testament en ma faveur, mais
un Testament qui porte substitution, de façon
que j'ai les bras liés, & ne peux rien faire en
votre faveur que de vous payer l'intérêt de
cette somme. J'ai fait plus, j'ai attaqué la
substitution ; on est d'avis que je ne peux
la faire casser : des Avocats m'ont assuré que
votre dot auroit son exécution indépendamment de la substitution ; liez-vous avec moi,
& que nos Avocats conférent de cette affaire,
pour pouvoir vous faire rendre la justice que
je vous dois.

Je n'avois constamment rien à répliquer à
des raisons si justement fondées, je donnai
les mains à ce qu'il me demandoit, & le
laissai le maître de tout arranger avec mon
Avocat à notre commune satisfaction. Cette
conduite sincere me rappella l'estime avec laquelle je l'avois toujours regardé ; la paix se

fit entre nous, mais à des conditions qui parurent bien dures à l'amour dont il étoit toujours troublé. Je le voyois cet honnête homme déplorer sérieusement son état, gémir de mon deshonneur, dont il se croyoit seul la cause; je le consolai, & le priai de me voir rarement, même de prendre sur lui de ne me plus voir. Plus le Chevalier étoit persuadé de la solidité de mes raisonnemens, plus il chérissoit ma sagesse, & plus son amour croissoit, mais il fallut nous séparer, il me dit un adieu tendre, je l'embrassai avec estime, mais ce fut pour la derniere fois; car consumé de chagrins, dévoré de son amour, il tomba malade, & peu après j'appris sa mort. Si de son vivant je ne me flattois pas de pouvoir recouvrer ma dot, mon espoir, tout foible qu'il étoit, ne trouva plus de ressource après sa mort. Sa famille me traitant avec ignominie, me contraignit à finir avec elle à très-bas prix, & me força à ne pas faire éclater aux yeux du public des circonstances qui m'eussent tout-à-fait rendu vile & méprisable; c'étoit cet éclat que je voulois éviter, & ce ne fut que par cet accommodement que je parvins au but de mes desirs.

C'eſt à cette époque que je rapporterai la méſintelligence qui commença à éclater entre ma mere & moi , qui aux dépens de tout auroit mieux aimé cent mille livres : elle auroit préferé cette ſomme à un reſte d'honneur que ma commune habitation commençoit à faire valoir.

D'après cette viſite je commençai à regarder mon état d'un autre œil. Je vis qu'il me ſeroit bien difficile de me ſoutenir ſur le ton que j'avois pris ; quelle injure pour ma vanité , s'il faut déchoir ! Je fis part à ma mere de mes ſujets de douleur. Qu'y a-t-il à s'affliger , ma fille , me diſoit-elle ! quand on eſt jeune & belle on ne doit rien craindre. Je l'arrêtai à cet inſtant , qui me promettoit d'autres infamies. Quand vous n'aurez , Madame , que de pareilles reſſources , renfermez-les dans votre cœur , & croyez-moi , ne m'en faites jamais part. Ma mere ne voulant pas me heurter , me répondit : Vous verrez , ma fille , vous verrez , ſi la plus haute ſageſſe produit des fonds. Cherchez à vous marier à préſent , vous voilà déshonorée : je vous attends , je vous attends ! .... Je tournois le dos à ma mere , & me retirois dans mon appartement quand elle commençoit à me tenir ces fortes de difcours ; auffi depuis ce premier entretien avois-je foin de lui cacher mon trouble & mes ennuis.

Cependant je n'avois point revu mon Financier, je penfois fouvent à lui, mais je ne pouvoit me réfoudre à vendre mes faveurs, encore moins à fubftituer de l'amour à cette amitié, cette confiance & cette certaine tendreffe que l'âge & le maturité nous înfpirent en faveur de ces fortes de gens qui nous eftiment, qui nous aiment même, fi l'on veut. C'eft cependans, difois-je, c'eft fur lui que je fonde mes plus douces efpérances, s'il vouloit remplacer ma dot perdue, je lui aurois bien de l'obligation : mais de lui acheter cette grace, jamais je n'en aurai ni le défir ni la volonté. Ce fut dans une de ces réfléxions d'une mifere prochaine, qui m'abforboit, que l'on m'annonça Monfieur *Vilhomme.* Je le reçus avec plaifir, mais lui me voyant trifte & abattue, m'en demanda avec vivacité la raifon. Je fuis une femme perdue, lui disje, je n'ai que vous pour ami, & pour confident ; je rêvois à vous au moment que vous êtes entré ; vous avez prévenu la vifite que je devois vous faire. J'ai vu le Chevalier *du Catel* ; il m'a fait entrevoir que je ne pouvois rien toucher de la dot que vous m'avez fait recevoir à Amsterdam : je lui fis ensuite le récit de toute la conversation dont j'ai parlé plus haut ; de façon que continuant à lui parler, je lui dis : Je vois bien qu'il me faut résoudre à me faire un petit fonds de la vente de mes meubles & de mes effets , & me retirer dans un Couvent…. Laissez - moi tout dire , voyant que le Financier vouloit m'interrompre, je me suis mariée par raison , & pour éviter les surprises de ma mere, & pour me souſtraire à ſon libertinage. J'eſtimois le Chevalier *du Catel* , mais je ne l'aimois, point, je haïſſois Monſieur votre fils , il vouloit mon deshonneur , pouvois-je faire plus que de déconcerter ſes meſures avec ma mere ? mon mariage rompu à la face de l'Univers , ma réputation flétrie , ma naiſſance rendue vile , ma mere reconnue dans ſon véritable caractère ; qui voulez-vous qui penſe à m'épouſer ? Deviendrai-je la victime des graces qu'on apperçoit en moi ? ſont elles faires pour être appréciées au prix de l'infamie ? Non , non , j'irai enſevelir mes jours , mon nom & l'honneur qui

me

me reste dans un tombeau qui fera ma plus chere retraite. Malgré l'air affirmatif avec lequel je parlois, je dévorois mes larmes & tenois une contenance assurée; mais craignant de me trouver mal, je recommençois à donner un libre cours à mes pleurs, quand le Financier, touché de mon état, me fit mille protestations de m'aimer & de me secourir. Le discours original qu'il me tenoit, toujours dans une expression à la financiere, expression qui me seroit impossible de rendre au naturel, suspendit le cours de ma douleur: je vis même le moment où j'allois éclater de rire; mais substituant à cette folie de ma part un air plus ouvert, je lui dis: En vérité, Monsieur, mon cœur oublieroit volontiers ses peines si je pouvois être sûre de tout ce que vous me dites. Quoi! pouvez-vous en douter, ma chere ame, m'interrompit le Financier? en voici des preuves. Voilà pour trente mille livres de billets de caisse que je vous apporte, je vous abandonne les intérêts qui vous seront comptés, & vous retirerez le principal quand il vous plaira. Tout ceci est trop constant pour résister long-tems. Mais enfin ce fut à ce dernier discours que je lui

C

tins que je dus sa fureur de m'aimer & la
chûte de ma sagesse : aurois-je pu me le persuader ? Monsieur , lui dis-je , je recevrois
avec plaisir l'offre que vous me faites si j'é-
tois sûre que vous n'eussiez d'autre intention
que celle de m'obliger comme vous avez fait
en m'envoyant les cent mille livres , & en
me faisant dernierement présent du superbe
Ecrin que vous m'avez remis. Mais dans notre
premiere entrevue , j'ai vu en vous des mouvemens qui me parloient d'un intérêt que
vous exigiez de moi. A ce prix ne comptez
jamais sur moi ; je vous respecte & vous
estime , mais je suis fort aise que vous me
respectiez & m'estimiez , au moyen de quoi
nous ne pouvons traiter ensemble d'affaires
d'un cœur qui n'est destiné qu'à celui qui
me donnera la main pour, m'épouser. Si
vous êtes dans cette intention , déclarez-le-
moi naïvement , & soyez sûr de la préférence.

Je vis à cette proposition mon Financier
rougir & interdit ; mais ayant eu le tems de
se remettre , il me répliqua ainsi : Madame,
me dit-il , je ne puis que louer votre façon
de penser & cette haute sagesse qui me par-

lent en votre faveur ; je ferois fâché de vous
abuſer, je ne peux vous épouſer ſans mettre
contre moi mon fils, ſon épouſe & ſa famille ; je n'aime point la diſcorde : ſi j'étois ſeul
à conſiderer, dans huit jours l'affaire ſeroit
faite, cependant je ſonderai le terrein. Je
vous aime, que dis-je, je vous adore, &
pour preuve de ma ſincérité, c'eſt que je
vous préfere à mon coffre-fort, que je ſacrifie en entier à vos beſoins. J'étois venu ce
matin pour vous en faire ma déclaration &
recevoir votre aveu ; mais je ne mettois pour
témoins de notre union que nos deux cœurs
parfaitement unis par l'amour. J'avoue que
mon âge eſt un foible dépoſitaire du vôtre,
& qu'il ſeroit rare que votre cœur eût été
auſſi ardent à recevoir les vœux du mien ;
mais je ne doute point de votre amitié & de
votre confiance : ces deux qualité acquiſes réparent les défauts d'amour de la part d'une
fille ſi charmante. Votre ſageſſe s'irrite de mes
propoſitions, je le vois ; mais enfin, c'eſt à
moi à céder : je vous proteſte de ne pas attenter plus loin, je me contente de votre eſtime & de votre confiance, c'eſt uniquement
à vos beſoins que je ſacrifie les préſens que

je vous fais ; acceptez-les avec bonté , & tant
qu'il vous plaira me conferver ces deux pri-
viléges fur vous , je ferai content & fatisfait :
cependant je vais de mon côté faire en forte
de réuffir dans mes entreprifes & prendre
toutes les mefures poffibles pour pouvoir vous
époufer.

Je l'avouerai , je fus pénétrée de ces fentimens
que je croyois finceres , je me jettai à fes pieds
que j'arrofai de larmes de tendreffe : de fon côté,
il me retint dans fes bras avec vivacité , ne cef-
fant lui-même de m'embraffer. Nous nous remî-
mes cependant , je reçus fon préfent , & le laiffai le maître de me venir voir quand il lui plai-
roit. J'avois un entier accès chez lui , je l'appellois mon pere , il l'étoit en effet par toute la tendreffe qu'il avoit pour moi , & bien plus par les
fervices continuels qu'il me rendoit.

Monfieur *Vilhomme* me venoit voir fouvent,
il me trouvoit ou dans mon lit , ou à ma toilette , ou enfin à tout autre exercice , fans jamais s'en prévaloir , & toujours arrivoit-il chez
moi les mains pleines & le cœur plus embrafé.
Je ne penfois déjà plus ni à fes termes , ni à fes
expreffions , j'y étois familiarifée , il prévenoit
mes defirs , & je n'avois rien à fouhaiter.

Telles furent les armes qui surmonterent mon austere vertu. Apprenez, prudes, de cet exemple, que ce n'est pas toujours l'amour du libertinage qui conduit au précipice, & qu'eussiez-vous fait à ma place ? Avant la critique, sondez votre cœur, appréciez ses mouvemens sur les circonstances, & décidez.

Un de ces jours d'été qui ne permettent pas de couverture pendant la nuit, que le drap seul souvent incommode encore, il est très-peu permis de se livrer au sommeil ; je réfléchissois pendant ce tems aux façons d'agir du Financier, je me repentois presque de le laisser languir si long-tems, j'entrevoyois la difficulté extrême qu'il y avoit à prétendre de l'épouser, je repassois dans mon esprit ses soins, ses attention, ses ménagemens, son respect, & le triomphe qu'il remportoit sur lui-même : à force de m'agiter sur ses heureuses qualités, je ne pouvois que m'applaudir de sa connoissance, & de rendre graces à Dieu de m'avoir donné un tel protecteur. Apprenez à mon exemple, jeunes filles, que les réflexions sur nos amours & sur notre sagesse, enflamment plus un jeune cœur que la vue d'un Amant, qui ne triomphe que parce que les mêmes réflexions

ont déjà livré la place. On se trouve étonné
quand la faute est faite, on la rejette sur les
entreprises de l'Amant, on le traite de traître,
de perfide, on réfléchit sur sa trahison, sur sa
perfidie ; on raisonne, on se donne gain de
cause, on le revoit sans peine, & on s'y livre
avec plaisir. Voilà la source de ces fatalités,
de ces destinées, de ces ascendans que l'on
donne au hazard. Au milieu de ces réflexions
je m'endormis cependant & je passai ce qui
me restoit de la nuit, c'est-à-dire depuis l'aurore jusqu'à mon lever, dans des rêves agréables, & qui me firent le plus grand plaisir
du monde. Je ne m'appercevois point que
l'Amour s'introduisoit dans mes sens, & que
j'étois moi-même l'artiste d'une conduite liber-
tine dont j'allois commencer la carriere.

Comme mon Financier avoit la liberté d'entrer dans ma chambre à toute heure, ma femme de chambre lui ouvroit la porte, le laissoit entrer & se retiroit. Il arrive auprès de
mon lit, dans cet instant de mon sommeil,
après avoir refermé ma porte, ne m'entendant
point, il ouvrit doucement mes rideaux, &
me vit dans l'état de pure nature profondément endormie, il s'en tint à la contempla-

tion tant que dura mon sommeil ; je ne sçais
même ce qui me réveilla, si ce fut le grand
jour qui me frappa, ou ce qu'il disoit à voix
basse, tant est que je m'éveillai. Quelle surprise pour moi de voir mon Financier comme
une statue, les yeux fixés sur moi, la bouche
béante, les mains élevées prètes à me saisir !
Quoi ! lui dis-je, que faites-vous ici ? venez-
vous me surprendre ? mais quel effroi ! je ne
peux vous le représenter ; quand me voyant
moi-même dans cet état de nudité, je fis un
cri perçant en cherchant dans la ruelle de mon
lit le drap qui devoit me couvrir. Mon cri
heureusement ne fut point entendu ; mais lui,
pour m'appaiser, me dit. m'envieriez-vous le
plaisir que le hazard seul m'a procuré, & ne
me sçauriez-vous point gré de mon respect &
de ma sagesse ? Je vous l'avoue ! Je repris sur
le champ un air ouvert, content & plein de
tendresse, je sautai à son cou, & je le remerciai mille fois d'avoir remplir en cette occasion le devoir d'un honnête homme. Les réflexions de la nuit, les plaisirs de mon sommeil se renouvellant dans ses bras, je lui parus apparemment trop vive dans ce moment :
car prenant pour amour cette vivacité, le

C iiij

Financier adroit se glisse à mes côtés, & rem-
porte une victoire complette.

Au sortir du combat de cette surprise amoureuse, mon Financier enchanté de mes procédés, se mit dans un fauteuil à côté de mon
lit, & me tint les discours les plus passionnés.
Que faire dans cette extrémité ? pleurer ? il étoit
bien tems. Se desesperer ? autre sottise. Il avoit
raison, & moi j'avois tort. Quoi ! luidis-je, ai-
je donc tant combattu pour succomber aussi innocemment que je viens de lefaire ! Je ne vous
en veux point ; c'est moi, malheureuse, qui suis
la cause de mon infortune ! c'est à vous, Monsieur, à réparer mon honneur que vous venez de flétrir. Le bon Financier me dit qu'il
étoit venu me dire qu'il ne voyoit point de jour
à mon mariage ; & me protester de ne jamais
attenter à ma sagesse qu'il respectoit ; malgré
les cruels efforts de son amour , desquels je
n'avois rien à appréhender. Mais , mon cher
Cœur , tranquilisez-vous , continua-t-il , je
vous traiterai comme si vous étiez ma femme ;
la victoire que je viens de remporter n'en est
point une , je ne la dois qu'à la surprise & à
votre tendre amitié. Je le sens , je veux la
devoir à l'amour. Ainsi , ma chere ame ,

attachez-vous à moi , & foyez fûre que je ne vous manquerai jamais au befoin. Il me tenoit parole ; tous les jours habillemens nouveaux, décorations fuperbes ; tantôt des billets , tantôt des efpeces ; de façon qu'en plaçant ces fonds je pourrois être à mon aife fi ma mere n'eût jamais mis le pied chez moi , ou plutôt fi j'avois veillé à mes intérêts. Je reviens à elle.

Ma mere , qui me voyoit fi fuperbe & fi bien en fond , ne pouvoit attribuer toutes ces largeffes qu'au Financier ; elle n'avoit ofé me demander les raifons de cette pompe & de ces vifites fréquentes : elle n'avoit point encore pris cet afcendant fur moi qu'elle tâchoit d'y prendre ; mais auquel elle n'avoit cependant que trop réuffi. Elle me dit un jour : ma fille , votre filence ne vous eft pas avantageux , je vois ce qui fe paffe ; votre Financier fait de fortes dépenfes pour vous , je ne vous blâme pas de vous livrer à fon amour ; mais enfin il faudroit placer ce qu'il vous donne , ce fera le moyen de faire un heureux mariage. J'ai dans mes mains un homme de condition qui fera bien votre affaire ; c'eft un jeune homme bien fait, bien bâti & bon Gentilhomme , petit génie ,

& mari qui fera fort commode. J'aurai foin
de l'éloigner d'ici dès que votre mariage fera
fait ; vous ferez porter fa Livrée , vous ferez
véritablement Comteffe ; & fous ce nom &
fous le voile du mariage vous entretiendrez
votre commerce avec votre Financier, fans que
perfonne y puiffe trouver à redire.

Ce difcours étoit fenfé , quant à l'emplace-
ment de mes fonds & quant au mariage ; mais
il étoit dans tout le refte une fuite des fentimens, effrontément libertins de ma très-digne
mere. J'applaudis à ce qu'elle difoit fans lui
faire faire de réflexions , ni fans la contredire
fur ma façon de me conduire avec mon Financier. En conféquence je la fis dépofitaire de
mon tréfor , & la priai de placer ces fonds
fûrement. Après quoi je ne penfai plus à mes
richeffes.

Quelques jours après , mon Financier vint
chez moi à huit heures du matin ; j'étoit éveil-
lée , mon rideau étoit tiré. Eh bien ! mon cher
Papa , lui dis-je , qui vous amene fi matin ?
Le plaifir de vous voir , me répondit-il , la joie
de vous embraffer , & de m'entendre dire de
votre belle bouche que je vous fuis cher. Oui ,
mon cher Papa , lui dis-je , vous m'êtes & me

ferez éternellement cher. Puis, tirant de sa
poche un collier de diamans avec une suite
de rouleaux de louis, il me dit : voilà, ma
fille, de quoi vous préserver de la crainte de
manquer. Je le remerciai & l'embrassai avec
la plus grande tendresse du monde. Nous n'en
étions déjà plus aux formalités, il étoit le maître de moi & de toute ma personne. Je peux
donc prendre ma place à côté de vous, charmante fille, me dit-il ? Vous êtes bien le maître,
lui répondis-je ; & tout aussi-tôt mon sexagé-
naire se plaça à côté de moi. Quand il eût
éteint ce léger reste de feu qui l'enflammoit,
nous nous mîmes à causer ; je lui fis part des
propositions de ma mere ; il goûta ce mariage, & encore plus l'intrigue de ma mere.
Peu s'en fallut qu'il n'eût été dans l'instant aux
genoux de ma mere pour la remercier de son
infâme résolution. Je riois de tout mon cœur
des folies de mon Financier, & je gémissois
en secret de la fureur de cet homme, à qui rien
n'est sacré quand il est question de favoriser
leur inique prostitution. Ce fut dans ce moment qu'il me promit monts & merveilles ;
mais ; hélas ! le pauvre homme se réjouissoit
d'avance à ses dépens. Ce commerce me plai-

foit, il étoit fecret. Ma vertu jettoit en vain les hauts cris, je fentois le pris de ma liberté, j'en voulois faire ufage. Déjà je traitois de chimere tous ces vertueux appareils, & je m'en voulois d'avoir fi long-tems réfifté. On eût dit, à voir cette paffion dans fa primeur, que j'aurois eu dans l'art d'aimer une plus grande & une plus avancée expérience. Je n'aimois point mon Financier, je l'avoue; mais je faifois avec lui mes premieres expériences; je ne fçais fi fecrettement je ne le remerciois pas de fes leçons, toutes imparfaites qu'elles étoient.

Deux jours après, ma mere m'amena dans ma chambre celui qu'elle me deftinoit pour époux, accompagné d'un jeune Seigneur avec lequel il étoit fort uni. On m'annonça l'un & l'autre fous leurs véritables noms, dont je déguife ici l'un fous celui du *Comte de la Fere*, & l'autre fous celui du *Marquis des Roziers*. Le premier, qui devoit m'appartenir, me plut affez en qualité d'époux : ma mere l'avoit apprécié à fa jufte valeur. C'étoit un grand jeune homme, bien fait, bien bâti, les plus beaux yeux du monde, s'énonçant d'un air un peu à la grenadiere, mais qu'un ton un peu foutenu

déconcertoit , filant l'amour d'un ton romanefque , fouvent entreprenant , finge des petits-
Maîtres , fe vantant de bravoure , mais qu'une
épée nue auroit fait rentrer dans le néant , fe
croyant aimé des femmes , racontant fes aventures , les apoftrophant par leur nom , furnom
& qualiré , fans jamais avoir parlé à aucune ,
d'un génie fort borné , & mari commode ;
d'ailleurs peu ou point fortuné , trainant fon
talon rouge dans les boues de Paris ; tel me
parut , & tel étoit en effet mon futur époux.
Pour rendre cette peinture parfaite , il faut y
joindre fon talent ; il étoit l'avant-coureur des
plaifir des jeunes Seigneurs ; il étoit , je ne fçais
comment , connu de ma mere ; il mettoit fur
fon compte les galanteries de ceux qui l'em-
ployoient : c'étoit un homme à découvertes ,
qui pouvoit être utile , & que l'on récompen-
foit de fes avantages ; il n'avoit jamais le fou ,
fon induftrie lui fourniffoit la vie & l'entretien , tantôt en habits fuperbes , tantôt en
haillons de Crocheteur , tantôt libre , tantôt
prifonnier ; enfin c'étoit un homme à bonnes
& mauvaifes aventures. Tel étoit au naturel
le mari à qui j'ai donné la main.

L'autre , au contraire , je veux dire le Mar-

quis *des Roziers*, étoit un jeune homme bien
fait, physionomie fort ouverte, galant, poli
& aimable : mon cœur se portoit avec plaisir
à le considérer & à l'écouter ; je ne fis de résistance que celle qu'éxigeoit de moi la pro-
gression de mon amour, & cette résistance
ne fut pas longue : car après quatre ou cinq
visites, nous fumes l'un & l'autre au comble
de nos vœux. Bien loin que cet Amant chéri
m'achetât mes faveurs, c'étoit moi, au contraire, qui donnoit le prix aux siennes ; je l'aimois sincérement ; mais la mort qui me l'a ravi
ne m'a laissé que le triste regret de l'avoir si
tendrement aimé.

Ce fut dans un de ces évenemens heureux
qu'il me parla de mon mariage qu'il falloit
faire au plutôt ; je lui dis que je n'avois aucune répugnance à cette union, mais que je ne
pouvois souffrir mon futur. L'horoscope de ma
mere qui m'avoit affligée me réjouit pour lors ;
le premier pas dans le crime enfante bien vîte
des progrès ; c'est une pente si douce *à la belle
Nature*, que le cœur justifie ses chûtes avec
plaisir. Ce fut au milieu de ces entr'actes de
l'amour, je veux dire, dans ces momens de
repos que nous prenions de tems en tems mon

Amant & moi, que je lui fis confidence de l'amour de mon Financier ; cette découverte plus infiniment au jeune Marquis, il fonda sur sa continuité les plus douces espérances de son bien-être ; je lui promis cependant, qu'en faveur de son ancienne tendresse, je le verrois à mon ordinaire. Femmes du même ton ! les Seigneurs ne sont pas fortunés. C'est toute sottise que de s'y attacher par un esprit d'intérêt.

Le jour de notre mariage fut fixé ; mon Financier, à qui j'en fis part, hâta les momens de la conclusion. Pour une novice j'avois déjà deux Amans ; le troisiéme ne tardera pas. J'avois l'art de les faire vivre en bonne intelligence, & mon cœur se refusant à l'intérêt, donnoit tout à l'amour. Je crus donc, pour venir à bout de cette intrigue, ne pas dissimuler au Financier que mon époux prétendu étoit très-lié avec le Marquis des *Roziers* ; ce nom qu'il respectoit lui donna lieu de craindre ; mais se confiant à ma sagesse, il ne trouva pas mauvais qu'il me vît, attendu qu'il avoit besoin de son pere, & que j'avois besoin de lui pour faire réussir mon mariage. Quand tous les trois se rencontroient chez moi, j'étois la seule, & mon Amant,

qui avions le divertiſſement le plus complet.
Le Financier ne ceſſoit de donner le haut
bout au Marquis, & le Marquis ne ceſſoit de
donner des témoignages de reſpect au Financier. Ce fut le Financier qui fit la dépenſe de
mes ajuſtemens des noces, & de la dot: elle
fut conſignée de cinquante mille livres ſeule-
ment de mon côté, & de trente mille livres
de la part du Comte, que je n'ai jamais reçues; je ſuis donc Comteſſe, perſonne ne
peut m'en diſputer la qualité, perſonne auſſi
ne s'y eſt oppoſé. Mon mari étoit bon Gentilhomme, il n'étoit pas Comte à la vérité;
mais ayant toujours été annoncé ſous cette
qualité, la poſſeſſion valoit titre.

Monſieur le Comte *de la Fere* n'étoit pas
deſtiné à partager le lit de Madame la Comteſſe ſon épouſe, il s'en ſoucioit fort peu, il
ne portoit pas plus loin ſes prétentions ſur
moi, il les avoit bornées à l'intérêt de la
ſeule dot que je lui remis de 50000 livres,
& ſongea dès le lendemain de ſon mariage
à ſon départ, pour tenir parole au Marquis,
dont il étoit le prête nom.

En effet le Marquis des *Roziers* avoit ſol-
licité auprès de ſon pere un emploi dans l'Armée

mée auprès du Prince de ✳✳✳ , dont il reçut les ordres quatre à cinq jours après notre mariage. Ceci arriva dans les dernieres guerres d'Italie. Mon cher époux, Monſieur le Comte *de la Fere*, ſe diſpoſa alors à faire ſes équipages avec grande pompe ; il s'imaginoit que cinquante mille livres étoient pour lui un tréſor inépuiſable ; malgré ſon peu de génie, il étoit vain : (c'eſt l'ordinaire des eſprits bornés ;) à l'éclat de ſon faſte, il étoit ſûr que ſa qualité ne lui ſeroit point démentie ; ſes équipages prêts, il prend congé de moi, & ſe rend auprès du Prince.

Me voilà veuve auſſitôt que mariée, me voilà déliée auſſitôt qu'enchaînée, me voilà enfin avec mon cher *des Roziers*, le plus tendre & le plus complaiſant adorateur de mes charmes. Je ne ſçais s'il m'aimoit ; je le crois, car il m'en a donné des preuves ſenſibles ; pour moi je l'aimois, & me ſentois d'humeur à tout ſacrifier en ſa faveur.

Je ne lui demandois rien, le Financier nous ſuffiſoit, c'étoit bien le moyen d'être toujours Amans & de retenir un homme de condition. Les graces qu'il me faiſoit accorder étoient fixées à mon profit ; mais ennemie

II. Partie. D

de cette indigne proſtitution de l'humanité, je refuſois le tarif & j'obligeois pour le ſeul plaiſir d'obliger. Cette inclination bienfaiſante me donnoit une cour ſuperbe, tous les états ſe rendoient chez moi ; la critique ne pouvoit décemment mordre ſur ma conduite, j'étois mariée, j'étois Comteſſe, & de rang à tenir cercle.

Peu de tems après mon mariage, j'en reſ‑ſentis les ſuites, elles ne tarderent pas a paroî‑tre : mon mari les rendoit légitimes, mais il n'eut que l'honneur de la légiſlation. D'ail‑leurs c'étoit une condition de ſon mariage, les conventions rendoient les choſes de bon‑ne foi.

Vous jugez bien que le Marquis & le Fi‑nancier s'en donnoient les gants. Que nous importoit au Marquis & à moi que le Finan‑cier ſe crût le pere de cet enfant légitime ? il nous importoit bien plus qu'il fût intimément perſuadé qu'il l'étoit. En effet, quand je lui annonçai cette nouvelle, il en fut tranſporté de la joie la plus vive, il m'embraſſa mille & mille fois, & me témoigna tant de ten‑dreſſe qu'il m'accabloit de préſens.

Cependant le tems approchoit que je devois

dire un éternel adieu au Marquis *des Roziers:* il fut obligé de joindre l'Armée en qualité de Maréchal de Camp; il n'y fut pas plutôt arrivé que le jour d'une bataille indiqué, donnant ses ordres, il fut atteint d'un coup de feu qui le perça de part en part; il tomba de son cheval; il fut heureusement secouru à propos, sa blessure ne fut pas jugée mortelle; le pire de sa maladie fut une opération douloureuse sur les parties de son corps les plus sensibles qui avoient souffert considérablement, & qui en peu de tems menacerent de la gangrenne: il fallut obvier précipitamment à cette cruelle extrémité; on lui fit l'operation, qui, en le rendant à la vie, l'anéantit du nombre des hommes: heureusement ou malheureusement encore qu'il revit la lumiere.

Dès qu'il put soutenir la voiture, on le transporta à Paris. J'ignorois ce fatal évenement quand je reçus de lui l'horrible description de ses maux. » Je vis, ma chere Com-
» tesse, m'écrivit cet Amant adoré, mais je
» ne vis plus pour vous, je ne suis plus au
» rang des hommes; venez auprès de moi,
» consoler un malheureux, qui n'a plus que

» des ombres de tendreſſe à vous ſacrifier. Le
» Marquis *des Roziers.* »

Jugez de ma déſolation d'apprendre ſi près
de moi, aux portes de la mort, un Amant
que je croyois éloigné, & appliqué à la donner aux autres ; de ſçavoir dans ſon lit un
brave militaire que je croyois dans la route
de la gloire ; & enfin de ne plus voir dans
mon Amant que l'ombre de la tendreſſe. Tout
cet enſemble me pénétrant de la plus vive
impreſſion & de la plus amere douleur, j'or-
donnai un carroſſe : m'y étant placé dans un
déſordre étonnant ; je fis fouetter chez mon
cher Marquis, je volai entre ſes bras. Par
bonheur qu'il n'y avoit que ſon Valet de
chambre auprès de lui. Ah ! cher Marquis,
dans quel état, lui dis-je, votre chere Comteſſe vous revoit-elle ? Cruel amour ! eſt-ce
ainſi que tu te joues de la tendreſſe des mor-
tels ! Tes autels ſont propices aux perfides,
& tu ſacrifies les cœurs les plus tendres à
toute ta fureur.... Laiſſez-moi, m'interrompit
le Marquis, en me ſerrant entre ſes bras de
toute ſa force.... Laiſſez-moi, chere Comteſſe ;
les Médecins m'ont rendu à la vie, mais qui
me rendra à l'humanité ; qui me reſtituera à

ma tendresse ? Je suis le rebut de la Nature ,
& votre vue ne peut plus m'inspirer que de
l'horreur. Ah ! chere Comtesse , pouvez-vous
vous imaginer les tourmens affreux que vous
me faites éprouver ? … Ses forces s'affoibli-
rent en cet instant , & il tomba évanoui.….
Son Valet de chambre le fit revenir , en me
faisant écarter. Laissez moi , barbare ! lui dis-
je , laissez - moi ! que je meure avec lui ! que
j'expire dans ses bras ! ne me privez pas de
sa vue ! .… J'étois dans cette fureur d'une
Amante irritée , quand j'entendis le Marquis
qui m'appelloit. Ecoutez-moi , ma chere ame,
me dit ce malheureux Amant , je sens que je ne
peux survivre à ma douleur. Vivez, adorable fille,
vivez , mais souvenez-vous que mon cœur ne
peut se séparer de vous ; je vais languir, je
vais traîner le reste de ma malheureuse vie,
mourir à chaque instant ou éprouver à tout
momens les horreurs de la mort , en attendant le néant entier de tout moi-même , qui
n'est pas loin de moi. Séparons - nous , mon
cher cœur , si vous voulez que le reste de mes
instans ne se trouve pas continuellement em-
poisonné : il suffit à mon cœur de m'en rap-
peller un souvenir qui me déchire ; laissez-moi

vous oublier , s'il se peut , retirez - vous :
adieu ! chere Comtesse , mon cœur est le seul
présent que je puisse vous faire , mais ce présent sera éternel... Je pars m'ensevelir dans la
Terre de mon pere ; où , inconnu à l'Univers ,
il m'aura oublié avant ma mort. Puis s'ar-
mant d'un courage mâle , il ferme les rideaux de son lit pour servir de barriere à
notre derniere entrevue. J'allois m'écrier à la
barbarie , j'allois me replonger sur lui quand
les Médecins entrerent. A cette vue je fus
obligée d'appaiser ma douleur & de me retirer. C'en est donc fait , grands Dieux ! je
ne te verrai plus , cher Amant , disois-je en
secret , en m'en retournant , je ne te verrai
plus ; adieu , monde pervers ! adieu l'Univers !
mon Amant me donne l'exemple de la fermeté & de la constance , c'est à moi à le suivre. Je vais m'ensevelir dans une Communauté & y finir des jours que je ne peux supporter , étant privée de ce que j'ai de plus cher
à mon cœur.

Ce fut dans cet état de désolation que je
parus aux yeux de ma mere , qui parut elle-
même indécise sur le parti que je prenois ,
parti qui lui auroit fait un tort infini. Mais

s'appliquant continuellement à me diſtraire de
ma triſteſſe, elle eut le ſoin de me reproduire
des Galans infiniment plus utiles, mais qui ne
touchoient plus mon cœur. Les ſens s'atta-
chent continuellement, le cœur ne s'attache
qu'une fois, le reſte n'eſt qu'un pur libertinage. La jouiſſance des ſens fait le bien - être
du Philoſophe moderne; il trouve dans l'attachement de ces eſprits animaux l'innocence; que n'ai-je pu goûter dans la ſuite de ma
vie la verité de ces principes; ce fut cependant la lecture de ces maximes qui m'entraîna
à ce prétendu bien - être qui forme aujour-
d'hui mes plus cruelles ſyndereſes.

Dans cette ſituation dans laquelle je reſtai
pendant près de huit jours, je fis fermer ma
porte à tout le monde. Le Financier étoit venu
pluſieurs fois, & avoit paru fort inquiet de la
douleur dans laquelle on lui avoit dit que
j'étois plongée de la mort du Marquis: j'a-
vois prétexté une maladie; mais enfin on ne
peut point toujours pleurer; les jours en s'é-
clipſant entraînent la vivacité de nos douleurs, & bientôt le cœur lui-même s'abſorbe
dans la révolution du tems. Je donnai donc
ordre de faire entrer le ſeul Financier & de

lui découvrir mes résolutions qui tendoient à
me retirer du monde & à m'enfermer dans
un Cloître. Il arrive ce bon homme, il me
trouve dans un abattement affreux, il m'en
demande la raison : je ne la lui cache pas.
Ne soyez point surpris de ma douleur, lui
dis-je, elle est juste ; je perds un ami, je
perds un protecteur, je l'ai vu dans les horreurs de la mort ; que dis-je ? d'une mort pire
que celle de la mort naturelle. Cet aspect a
réveillé mes sentimens de vertu. Je déplore
la vie que j'ai menée avec vous, & sur tout
d'avoir profané un hymen, qui est sacré,
malgré le jeu que les hommes en font continuellement. Mon dessein est formé, ma résolution est prise, je vais m'enfermer dans une
Communauté, y pleurer mes malheurs, &
m'arracher à la corruption du siécle..... Non,
non, m'interrompit le Financier, c'est moi
que vous avez aimé, c'est moi que vous avez
chéri, c'est moi que vous avez préferé : vous
portez le gage de notre amour, vous êtes à
moi, & vous ne pouvez disposer de vous sans
mon aveu. Que vous importe que le Marquis
soit ou ne soit pas ; votre douleur m'outrage.
Allons, chere Comtesse, prenez des senti-

mens plus dignes de vous & de moi. Je l'a-
vouerai, ce discours me saisit, j'avois oublié
dans ma douleur l'accord que nous avions
fait, le Marquis & moi, de lui laisser croire
ce dont il étoit si fortement préoccupé.....
Aussi pour ne point déranger l'économie de
nos arrangemens, je repris ainsi mon discours.
Ce n'est pas tant, Monsieur, l'amitié du Marquis, ni le Marquis lui-même que je regret-
te, que la conduite que j'ai tenue avec vous
& avec mon mari, qui me désespere : la vue
du Marquis expirant m'a remis devant les
yeux le tableau de cette vertu que vous avez
fait éclipser, & mon cœur en proie à cette
juste douleur s'est senti atteint d'un retour que
je ne peux combattre. Demeurons-en, mon
cher *Villhomme*, aux termes de l'amitié, aidez-
moi à soutenir la vue d'un genre de vie que
la vertu me présente pour me rendre à ma
tranquillité ; je sçais que je ne peux me faire
Religieuse ; je suis mariée, il est vrai ; mais
je peux en embrasser le genre de vie ; je
peux contracter une seconde alliance avec la
sagesse, & par ce moyen me rendre à moi-
même cet état dont je me suis dépouillée par
trop de reconnoissance pour vous.

Le pauvre Monsieur *Villhomme* resta interdit, la parole lui manqua, il me regardoit avec des yeux passionnés, mais il ne pouvoit que me regarder. J'entrevoyois cependant qu'il rouloit quelques desseins dans sa tête ; mais je ne voulois point l'interrompre, ni lui donner occasion de me faire trahir le secret de mon cœur. Je le vis se lever de dessus son fauteuil, il se promena à grands pas comme un homme qui enfante quelque forte résolution. Enfin il vint à moi, me saisit la main, me dit adieu, en me faisant promettre de ne rien décider sans lui en avoir donné avis. Vous voyez mon état, lui dis-je, je suis prête d'accoucher, ainsi je ne peux me décider entierement qu'après mon rétablissement, mais cette affaire une fois terminée sera le signal de ma retraite. Mon Financier parut soulagé de ce discours & se retira plus tranquillement.

Depuis ce tems je commençai à revoir compagnie, mais compagnie plus choisie, & composée seulement de trois à quatre personnes que je croyois m'être les plus attachées. Ce renouvellement fit comprendre à ma mere que bientôt je rentrerois dans ma premiere vie ; aussi je vis qu'elle reprenoit un air de gaieté qu'il y avoit long-

tems qu'elle n'avoit eu. Un jour dans un moment de bonne humeur où elle me trouva,
elle me dit qu'elle avoit fait connoiſſance avec
le Préſident de.... l'homme le plus aimable
qu'elle eût connu : c'eſt un jeune homme de
trente-cinq ans au plus, qui eſt marié, à la
vérité, mais qui n'eſt point fort paſſionné pour
ſa femme, & que ſa femme n'aime point ;
c'eſt le fils d'un fameux partiſan, il eſt fort
riche, & vous pouvez joindre l'utile à l'agréable. D'ailleurs ces Meſſieurs ſont plus ſolides
que les Militaires, & ſont en état d'aider de
toutes façons. On ne ſçaura pas plutôt que
vous êtes amie du Préſident, que les Cliens
abonderont chez vous, & vous deviendrez
l'arbitre de la Fortune & de l'honneur des
hommes. Ces compagnies d'ailleurs ne notent
point une femme, il ſera votre ami, votre
conſeil, & tout en un mot ce que vous voudrez.
Ma mere, qui avoit déjà reçu des arrhes de
ce nouveau concurrent, me preſſoit de l'accepter : mais moi qui haïſſois toutes ces Robes
noires, je la renvoyai avec un mépris inſultant.
J'apperçois vos détours, Madame, lui répondis-je, vous ne m'en avez jamais impoſé, vous
ne vous appliquez qu'à me produire des Galans

qui puissent vous être utiles ; vous devriez rougir de houte de venir me parler de galanterie, pendant que je ne suis occupée qu'à détester ma vie & l'instant où vous m'avez mise au jour. En disant cela , je lui tournai le dos. Mais ma mere n'étoit pas femme à se rebuter pour un air de mépris ; elle laissa calmer ma colere, & ne m'en parla plus jusqu'après mes couches. L'instant de ma délivrance approchoit, je craignois même que les révolutions que m'avoit causé la douleur de la mort de mon Amant n'en précipitassent l'instant.

Deux jours après je revis mon Financier : il avoit examiné qu'une femme de mon âge ne pouvoit avoir ressenti une douleur ni si vive ni si profonde de la perte du Marquis si le cœur n'étoit point de la partie. C'étoit ce sentiment qui l'occupoit, ainsi que je l'ai sçu depuis & qui l'empêchoit pour-lors de me répondre. Ces réflexions murement pesées, il voulut adroitement se servir de quelques moyens qu'il avoit préparés pour me faire tomber dans le piége d'une réelle indiscrétion, ou bien il voulut profiter de cet évenement pour écarter tous ceux qui pouvoient donner un cours trop libre à sa jalousie. Je vis entrer mon Financier avec

un air gai, une maniere aifée; il m'embraffe
avec fa tendreffe ordinaire, & me voyant un
vifage ouvert, même riant, il m'en fit fon
compliment. Il m'aimoit, c'étoit la vérité, je
ne le haïffois point; d'ailleurs je lui devois de
la reconnoiffance & de l'eftime, il avoit furpris un moment de foibleffe, il en avoit pro-
fité : quel reproche avois-je à lui faire ?

Eh bien ! me dit-il, ma chere Comteffe,
êtes-vous encore dans la même réfolution où
je vous ai laiffée la derniere fois ? Oui, Monfieur, lui dis-je, rien ne m'en détournera.
Tout ici me fait peine, moi-même je me fais
pitié ; je ferois bien ingrate envers la Divinité
fi je differois à écouter fa voix, c'eft la voix
de la fageffe & de la vertu : aidez-moi à m'y
conformer, bien loin de vous y oppofer. Vous
êtes fi jeune, reprit-il, que vous ne pouvez
encore fixer vos réfolutions ; prenez garde à
une démarche qui vous rendra la fable de
Paris, fi jamais vous vous laffez de la pourfuivre. Croyez-moi, on trouve le monde par-
tout ; & par-tout où fe trouve le cœur, les
paffions nous y viennent tourmenter. J'ai réfléchi à votre état, je veux bien ne conferver
auprès de vous que le titre d'ami ; je me rends

justice, un Galant de mon âge est trop ridicule ; mais, que je sois votre ami, en cette
qualité voici le conseil que je vous donne ;
c'est de faire une expérience de retraite dans
quelque maison de campagne. Je vous en
offre une à vingt-cinq lieues de Paris ; cette
Campagne est un Fief, & je suis Seigneur
de Paroisse, elle est très-embellie, j'y ai fait
des dépenses prodigieuses, elle me plaisoit
infiniment ; mais je ne suis plus jeune, je ne
peux plus facilement me transporter de Paris
à cette Terre, & de cette Terre à Paris. si
vous voulez me promettre d'y venir je ne vous
y joindrai qu'autant que vous le voudrez, &
vous n'aurez dans cette retraite que la compagnie que vous jugerez à propos ; voyez,
mon cher cœur, si cela vous convient.

Étourdie, comme vous le pensez bien, d'une
telle proposition, je ne sçavois que répondre ;
je me contentois à mon tour de le regarder,
& de tâcher de découvrir si cette offre n'étoit
point un piége. Je pensois qu'il me l'offroit
en pur don, mais je doutois si cette pensée
étoit le sens de sa proposition Eh bien ! me
dit-il, ma chere Comtesse, vous ne répondez
point........ Alors je repris la parole. Me

feriez-vous, Monfieur, l'injuftice de me croire coupable de l'ingratitude la plus noire, & penferiez-vous que je fuis occupée de toute autre chofe que de la plus vive reconnoiffance ? Je fuis comblée de vos biens ; que dis-je ? j'en regorge, & vous voulez m'en accabler ! Non, Monfieur, je ne puis accepter le don que vous me voulez faire ; c'eft un bien qui appartient à Monfieur votre fils ; je ne peux en confcience l'accepter. Votre amitié me touche, & donne carriere à toute mon eftime, mais réfléchiffez à votre propofition, & vous verrez que vous ne pouvez faire un fi grand tort à votre famille que par un crime ; votre amitié, encore une fois, vous aveugle ; permettez-moi de me retirer dans une Communauté, j'ai affez de quoi par vos bienfaits pour m'y maintenir. Je penfois ce que je difois, mon cher Lecteur : il n'y avoit ni rufe ni politique dans ma façon de penfer & dans celle de m'exprimer. J'avois aimé le Marquis, & je n'en ai jamais aimé d'autre.

Mon Financier, accablé lui-même par ce défintéreffement, & encore plus par cette fupériorité d'ame qui animoit mes réflexions, ne put s'empêcher d'en témoigner de l'admi-

ration, & revenant à son premier discours voici ce qu'il me dit, c'est en pur don que je
vous offre cette Terre, ma chere enfant, je
ne peux en faire un meilleur usage, j'en ai
d'autres, & principalement une qui me plaît
infiniment : elle n'est qu'à quatre lieues de Paris ; mon fils n'a jamais mis le pied dans celle
que je vous offre, qu'une fois depuis que je
l'ai acquise, il ne l'aime pas plus que moi,
& si je venois à mourir il la vendroit surement ; vous avez tort de vous imaginer que
le don que je vous offre soit de nature à nui-
re à mon fils ; six mois de présence aux fermes
réparent 200000 livres que je peux vous offrir, & si le ministere continue à nous laisser
regarder comme les colonnes de l'Etat, je vous
assure que bientôt le recouvrement de cette somme se fera en trois mois. Cette Terre peut produire à quelqu'un qui y auroit attention quinze
bonnes mille livres de rente : mais je n'en ai
pas encore retiré un sou, parce que tout ce
qui m'en revient sert aux réparations, & le
reste à mes Fermiers, gens d'affaires qui volent
sur nous ce qu'on dit que nous volons aux
autres. J'ai encore plus à vous faire envisager,
le fruit que vous portez dans votre sein est à
moi,

moi, je lui dois sa vie & son éducation, quel
qu'il soit : ainsi c'est une part dans ma succession que je lui assure, promettez-moi donc de
l'accepter.

Je fus saisie à cette derniere raison ; c'étoit
surement une attention de sa part. mais moi
qui sçavois le contraire, je ne pus m'empêcher
de rire de sa fausse crédulité. Lui, prenant
mon rire pour un affirmatif, me saisit la
main, m'embrassa, & dans cette extase s'écria :
Que je suis heureux, mon cher cœur ! vous
êtes donc sensible à mon amitié ? vîte, je vais
vous envoyer l'acte de donation à signer ; &
sans me donner le tems de répondre, il sortit
avec une vivacité surprenante, pour revenir
une heure après.

En effet , Monsieur *Vilhomme* revint une
heure après avec un Notaire ; on me lut l'acte, je le signai, & le lendemain il revint m'en
apporter l'expédition qui contenoit l'exécution
de toutes les formalités. Monsieur *Vilhomme* ne
put dans ce moment jouir de ma satisfaction ;
je commençois à souffrir beaucoup, & l'heure
approchoit de ma délivrance. Monsieur *Vil-*
homme étoit dans un coin de la chambre ; il
pleuroit & se lamentoit, autant de joie que de

II. Partie. E

cris aigus que je pouffois. En un inftant arriverent les gens néceffaires, on fit fortir les inutiles. Monfieur *Vilhomme* voulut refter, on le
laiffa, & j'accouchai d'une fille. A peine fus-je
remife de mes fatigues qu'il vint m'embraffer,
& fortit ainfi qu'on le lui avoit confeillé,

Dans ce moment de tranquillité je demandai ma mere, & la priai de ferrer un parchemin qu'elle avoit dû trouver fur mon lit. Tran-
quillifez vous, ma fille, me dit-elle, votre
parchemin eft en fureté ; allez, faites toujours
des enfans que l'on puiffe envelopper de pareils langes. Je lui recommandai le fecret, elle
le garda.

Monfieur *Vilhomme* envoyoit tous les jours fçavoir de mes nouvelles, il y venoit fouvent lui-
même, mais il n'ofoit entrer ; il y avoit défenfes, & les défenfes étoient fondées fur un prétexte bien légitime. Enfin le moment arriva
où il put entrer. Jufqu'à ma premiere fortie
& pendant ma convalefcence, il paffoit au-
près-de moi des journées prefqu'entieres ; il
avoit eu foin de prendre une Nourrice de fa
Terre à 21 lieues de Paris, où il ne ceffoit
d'aller voir cet enfant, de façon que tous les
jours étoient partagés entre aller à fa Terre

& venir chez moi : il m'entretenoit de la beauté de cet enfant, il trouvoit qu'elle lui ressembloit. Etoit-ce faire son éloge ? Partisans de la belle sympathie, accordez vos systêmes avec la Nature. Je riois de ces jeux de l'imagination. Monsieur *Vilhomme* me divertissoit infiniment. En effet quel plaisir, & en même tems quelle pitié de voir un homme septuagénaire faire le jeune homme de vingt-cinq ans !

A peine pus-je sortir du lit, que ma mere me rappella le discours qu'elle m'avoit ci-devant tenu sur son Président. C'est à présent, me dit-elle, ma fille, que vous avez besoin d'un bon conseil pour vous mettre en possession de cette belle Terre que Monsieur *Vilhomme* vient de vous donner. Je vous offre Monsieur le Président de.... il est toujours à me solliciter pour avoir entrée chez vous ; prenez-le comme ami, il ne peut vous faire aucun tort ; je ne répondis rien à ma mere, j'étois occupée ailleurs.

Il faut avouer que le présent de cette Terre m'avoit entierement remis du trouble que la perte de mon Amant avoit causé dans mon cœur, je ne pensois plus ni à Couvent ni à

Communauté. J'étois seulement fort aise de
mener une vie tranquille ; j'étois ma maîtresse,
assez riche pour me soutenir avec honneur. Je
ne souhaitois donc que des jours sereins. D'ailleurs la mort de ma fille que l'on m'apprit
quelque tems après me dégoûta du grand
monde. Mon cœur ne pouvoit plus s'attacher,
je croyois que mes sens suivroient le cours de
ce défaut d'impression, je me trompois : cependant ma mere, qui attendoit une réponse,
s'impatientoit. Vous ne me répondez point,
ma fille ? Qu'avez-vous donc ? A peine vous ai-
je entendue, lui répondis-je ; je suis absorbée
dans d'autres pensées Répétez-moi ce que
vous me disiez. Ma mere me répéta pour lors
tout ce que j'ai écrit plus haut. Je trouvai
son conseil assez bon, & je crus que je pouvois, sans risque, faire connoissance avec le
Président. Je donnai donc mon consentement,
& le Président arriva chez moi sur les cinq
heures, je n'avois point à craindre qu'on vînt
nous interrompre, ma mere avoit eu soin de
donner ses ordres.

Je vis en effet arriver un jeune homme de
trente à trente-cinq ans, ni beau ni laid, ni
bien ni mal fait, qui me fit son compliment

avec ce férieux & cette gravité qu'inſpire la
Robe. Si le Financier a un ton de déclarer ſes
ſentimens, & de faire l'amour à ſa façon, du
moins cette façon eſt-elle divertiſſante, mais
celle qui eſt propre à la Robe a quelque choſe
de ſi dur, de ſi lugubre & de ſi pétrifiant que
je ne peux concevoir comment une femme
peut ſe livrer à de telles déclarations. Je ne
ſçais, Madame, me dit-il, comment remplir
les formalités qu'exige de mon cœur le code
de vos charmes, combien d'avenirs donnerai-
je à la perte de votre tendreſſe pour me faire
entendre un arrêt définitif de votre part ? Point
d'interlocutoires, Madame, je vous en con-
jure, ils me mettroient au deſeſpoir ; je conſens
fort à un délibéré de votre part, & je ſouhaiterois être déjà à la Chambre pour le faire
juger à mon profit. Je vous avoue que je
n'entendois rien à tout ce *baragouinage*, j'entendois mieux le ton de la finance, il étoit
plus expreſſif & plus intelligible : heureuſement qu'il parloit ſans ceſſe, ſans me donner le
tems de répondre ; enfin je l'interrompis tout
à coup, en lui diſant : Monſieur le Préſident,
aſſeyez-vous donc, je ne peux ſouffrir de vous
voir debout. Ah ! Madame ? me dit-il, je ne

puis être trop respectueusement à la barre de
votre cœur, je me soumets à vos interroga-
toires. Je fus donc obligée de laisser debout
l'amoureux Président, & le plus sot amoureux
qui se puisse rencontrer. Il n'y a pas de risque, disois-je, à voir cet homme ; par la suite il me sera utile, j'en ferai mon homme
d'affaires.

Mon Président, las de se tenir debout, s'assit
enfin, je conclus qu'il falloit entrer en matiere
d'affaires pour le mettre plus à son aise : *le Labou-
reur parle de ses bœufs.* Vos momens, lui dis-je,
doivent vous être précieux, Monsieur : une Charge telle que la vôtre est bien capable de prendre
tout votre tems, sans parler ici du Palais, & des
jugemens que vous portez continuellement sur
la vie, la fortune & l'honneur de tous les ci-
toyens. Vous êtes le protecteur des veuves, des
orphelins ; enfin vous êtes le conciliateur des
familles, & vous portez la paix & la consola-
tion dans tous les cœurs. Madame, me répondit le Président d'un ton laconique, qui me donna à entendre que ceci ne l'amusoit pas. Ce
que vous me dites n'est qu'une affaire de rou-
tine & d'habitude ; nous allons au Palais ma-
chinalement, nous opinons du bonnet, les

anciens sont nos guides , il y a toujours une
partie qui gagne quand l'autre perd , l'une fait
notre éloge quand l'autre nous invective ; de
façon que , tout bien compensé , la moitié
du monde est en notre faveur , & l'autre est
contre nous. Mais l'éloge des uns ne fait pas
plus d'impression sur nous que les clameurs
des autres. Agissant ainsi , & ne nous mêlant
point des troubles , des querelles des familles ,
nous avons tout notre tems à nous. Cela sup-
posé , répartis-je , je ne vous plains plus. Comment ! Madame , voudriez-vous que nous pus-
sions suffire à toutes les obligations des devoirs
de la société , si nous nous enfoncions sérieusement dans ceux de notre état , reprit encore
mon Conseiller ? car il n'étoit que tel , ainsi
que je l'ai sçu depuis ; c'étoit par air qu'il se
faisoit annoncer comme Président dans les
maisons où il sçavoit n'être point connu. Nous
passons la journée de cette façon nous autres
jeunes gens , nous faisons trois toilettes par
jour ; la premiere en nous levant pour aller
au Palais , la seconde pour aller dîner chez
nos amis , & une derniere enfin pour aller
voir nos Maîtresses & nous réjouir pendant le
reste de la journée , & toute la nuit même ,

E iiij

ſi la ſociété nous plait. Comment, Monſieur,
vous avez des Maîtreſſes, & vous vous diver-
tiſſez à l'exemple du Militaire ! Oui, Madame,
me répondit mon Préſident. Vous coûtent-elles
cher, lui répondis-je ? Non, pas beaucoup,
car nous ne ſommes point riches. Eh ! comment pouvez - vous donc rendre des Arrêts ſi
fulminans contre ces pauvres filles que vous
avez ſouvent ſéduites, l'interrompis-je ? Ceci,
me répondit-il, eſt autre choſe, cela dépent
des circonſtances, c'eſt ſuivant que nous ſommes de bonne ou de mauvaiſe humeur, nous
crions contre les plaiſirs dans le goût de certains
Prédicateurs, c'eſt l'uſage ; mais nous ne ſommes ni plus ſages, ni plus dévots, ni plus vertueux qu'eux.... Je vous entends, Monſieur, je
ſuis charmée d'être ſi bien inſtruite. Je vous plaignois, il y a un inſtant ; à préſent je vous félicite
ſur votre favorable emploi. Mais parlons d'autre
choſe, pourriez-vous me donner des conſeils
ſur quelques affaires qui m'embarraſſent, & voudriez-vous que je vous faſſe voir quelques papiers ſur leſquels j'aurois à vous conſulter ? Ah !
Madame, m'interrompit le Préſident avec vivacité, fi ! ne me montrez aucun papier, je ne connois rien a tout ce qu'ils contiennent, envoyez

chercher un Avocat , & il fera toutes vos affaires. Il paroît , Monsieur le Président , que
vous méprisez bien les Avocats ; cependant j'en
ai un qui demeure au second , qui , je crois,
ne se donneroit pas pour homme d'affaires ,
encore moins souffriroit-il qu'on l'envoyât
chercher , comme un laquais ; je pense même
qu'il ne se donneroit pas pour Monsieur le
Président. Je ne vois que Cliens monter chez
lui , & que carrosses à la porte : indépendamment de ce que je vous dis , c'est qu'il n'y a
pas long-tems que j'ai entendu faire l'éloge
des Magistrats , vos Confreres , d'une autre façon que vous ne la faites ; je regarde cette
société de Magistrats , comme autant de Sé-
nateurs Romains qui meritent nos éloges &
notre vénération ; je ne sçais , à vous dire vrai,
comment concilier ce que vous me dites avec
ce que tout le monde pense à leur égard. Ainsi,
Monsieur , souffrez que je n'ajoûte point de foi
à ce que vous me dites..... Puis m'appercevant que sa sotte vanité ne se trouvoit point
bien de mes remontrances ; je lui dis : Eh bien !
Monsieur le Président , changeons de discours,
dites-moi à présent quel objet vous amene ici ?
Madame , me dit-il , la haute réputation de

vos charmes & de votre beauté ; le mérite qui
éclate dans toute votre perſonne ; voilà Madame, les aſſignations qui m'ont fais voler juſqu'à vous. Peſte ! dis-je en moi-même, voilà
du bel eſprit ; puis reprenant la parole, eſt-ce
comme ſociété, Monſieur, lui répartis-je tout
haut, ou comme Maîtreſſe ? à quelle toilette
êtes-vous ? Mon Préſident fut démonté, & ne
put répondre : je le vis rougir, pâlir, & balbutier. Eh bien ! répondez donc, Monſieur le
Préſident ; répondez donc. Le Préſident obligé
de parler, me dit : Madame, ſi j'étois aſſez heureux de pouvoir vous être agréable, je me
ferois honneur de vous donner mon cœur : j'ai
du bien, je ſuis même riche ; ainſi, Madame,
agréez la déclaration que je vous fais d'un
amour ſincere & conſtant. Je ris en moi-même
de cette ſotte déclaration ; puis prenant la parole, je lui dis : mais, Monſieur, vous avez
une femme, vous êtes même nouvellement
marié ; vous êtes le juge ſévere de nos conduites, comment vous adreſſez-vous à moi ? eſt-
ce pour me tenter ? eſt-ce pour me ſéduire ?
d'ailleurs j'ai ſuffiſament de bien pour vivre,
& je n'ai pas le cœur auſſi tendre que vous le
penſez ; & ſi je m'attachois à quelqu'un, je vou-

drois que le cœur en décidât. Mais, Madame,
me repartit le Préfident, fouffrez-moi au moins
auprès de vous pour admirer vos charmes.
Très volontiers, Monfieur le Préfident, votre
demande n'a rien que de flatteur pour une
Coquette ; mais à moi elle m'eft indifférente ;
vous pouvez vous fatisfaire. Mon Préfident
étoit au comble de la joie de ce que je lui avois
donné mon confentement ; il étoit fi aife qu'il
ne fçavoit que faire de fes pieds & de fes mains ;
& m'envifageant fans parler , je le laiffai long-
tems dans la contemplation , les yeux attachés
fur toute ma perfonne : revenant enfuite de cette
extafe , & me prenant par le bras , ah ! Madame , me dit-il , qu'il eft beau ! Pour mieux
le contenter, je remontai un peu ma manchet-
te qui en couvroit une partie : le Préfident
apperçut mon coude ; & fe jettant deffus , ah !
le beau coude ! Madame, ah ! le beau coude !
permettez que je le baife.... Très-volontiers ,
Monfieur le Préfident ; voyez , je ne fuis pas
cruelle : cependant, par malice , je pouffai ce
coude qui étoit fort pointu contre fes dents ,
que je manquai d'ébrécher : il fit un cri qui
ne fut pas long ; car prenant cette petite malice de ma part comme un avant-coureur de

la tendreſſe, il fit ſa paix avec moi ; il ſe
blâma même d'avoir crié. Je m'apperçus de
tant de puérilités de ſa part, que je vis bien
que ce Robin ne me pouvoit faire aucun tort,
& que ſa compagnie pourroit quelquefois m'a-
muſer. Ainſi je l'engageai de me venir voir
à ſes heures perdues.

Dans ce moment il m'arriva compagnie ;
on paſſa une table de piquet ; Monſieur le
Préſident s'offrit à faire ma partie ; il nous
fit jouer gros jeu ; il ſçavoit mieux, à la vérité, le jeu, que les fonctions de ſon état ; il
fit la chouette ; il perdit cependant conſidéra-
blement ; mais il étoit enchanté d'avoir perdu ;
il étoit beau joueur ou bien amoureux. Je ne
fus pas ſurpriſe de ſa perte ; il n'avoit les yeux
que ſur moi, & ſur-tout ſur mon coude dont
il étoit amoureux fou. Dans la ſuite je m'ap-
perçevois que c'étoit par galanterie qu'il perdoit ordinairement. Il avoit cela de bon, de
ſaiſir toutes les occaſions de me faire des préſens, à chacun deſquels il avoit la permiſſion
de voir, de tenir & d'embraſſer mon coude :
en ſix mois de tems il dépenſa bien pour ce
coude au moins une vigtaine de mille francs :
je me ſuis accoutumée à le voir, à le ſouffrir ;

& quoiqu'il y ait long-tems que nous ne nous
sommes vus, je suis persuadée que mon coude
le flatte encore infiniment. Ce Robin est le
troisieme Amant que l'on m'ait donné. Je reviens à mon histoire.

Je me voyois parfaitement rétablie, je sor-
tois même, quand le desir de sçavoir où en
étoient mes affaires, mes titres & mes contrats, me réveilla de la confiance inconsidé-
rée que j'avois eue en ma mere; je sçavois
que cette femme ne dépenseroit pas ce que
je lui avois déposé, mais en avoit-elle tout
le soin possible à mon profit; elle commençoit
à me dominer, & à vouloir me donner un
Amant, même avec hauteur & avec empire:
nous avions souvent des querelles ensemble,
& c'est justement cette discorde qui me fit
songer à mes arrangemens. Dès cet instant,
je pensai à cultiver mon Avocat qui demeuroit au-dessus de moi. J'envoyai sçavoir à
quelle heure je pourrois l'entretenir; il me
fit faire force complimens, & me répondre
que si c'étoit pour le voir, il auroit l'honneur
de me prévenir; si c'étoit pour affaires, qu'il
me donnois rendez-vous à quatres heures jusqu'à cinq, ou le lendemain matin à dix

heures ; qu'il auroit soin de faire fermer son cabinet, pour me donner toute l'audience dont j'aurois besoin. Je lui fis faire mes remerciemens, & lui dire que le lendemain je monterois chez lui à dix heures.

Sur le champ j'envoyai prier ma mere de passer dans ma chambre, où j'avois à l'entrenir. Dès qu'elle parut, je lui dis : il est tems, Madame, que je sçache où j'en suis ; je vous prie de me rendre compte de l'usage que vous avez fait de tout l'argent que je vous ai remis : sans doute que vous avez placé ces sommes, & que vous en avez les contrats...... je vous prie de me les remettre. Cette femme étourdie du coup que je lui portois, s'emporta avec chaleur, & reprit les expressions de sa premiere éducation. Je l'interrompis avec un air de hauteur qui la fit fléchir : je ne vous fais aucun tort, Madame, en exigeant de vous ce qui est à moi ; vous avez mon contrat de donation de M. *Vilhomme* ; vous avez ou l'argent, ou les contrats d'emploi ; c'est ce que je vous prie de me rendre. Mais, fille ingrate, reprit ma mere, vous n'avez donc rien coûté depuis le tems que j'ai été votre dépositaire ? vous voulez donc me réduire à la misere, moi qui ai consacré le reste de mes jours à vous mettre sur le *Pinacle*, & qui cherche encore toutes les occasions de vous enrichir? Il n'est point question de tout cela, Madame, l'interrompis-je à mon tour; je ne prétends pas que vous manquiez; vous n'aurez besoin de rien tant que je vivrai; & à ma mort, si elle précede la vôtre, tout ce que j'aurai est à vous: encore faut-il que je sçache où j'en suis. Toutes mes raisons furent inutiles; elle cria, pesta, jura, & se retira.

Me voilà dans un cruel embarras; mon argent seroit-il perdu? l'auroit-elle placé à son profit? qu'en a-t-elle fait? il faut examiner cela & demander conseil. Le lendemain je me rendis au cabinet de mon Avocat: je vis une physionomie riante, pleine d'esprit, des yeux vifs, une élocution facile, un air engageant, & qui avoit l'art de persuader. Quelle différence, dis je, de cet Avocat avec le Président! Madame, me dit-il, que je suis enchanté de pouvoir vous être bon à quelque chose! expliquez-vous avec liberté, & soyez sure de mon secours. Je l'entretins de mon état, de ma fortune, du soin que je vou-

lois en prendre, & de la réſiſtance de ma
mere. Votre bonne foi, votre ſincérité m'en-
chantent, me répliqua-t-il. Madame je n'ai
jamais condamné votre conduite ; mais je
vous préviens que votre mere vous perd de
réputation : l'Avocat me rendit compte de
tous ſes procédés à mon égard. Qu'elle étoit
affreuſe ! il n'a pas tenu à elle, me dit-il,
que je n'aye été votre Amant ; elle étoit en
marché avec mon laquais, pour me perſuader
de vous avoir pour Maîtreſſe ; jugez du reſte :
cependant plus j'ai examiné votre conduite
ſage, & plus je me ſuis perſuadé que votre
mere étoit une miſérable : à préſent, Madame,
il faut prendre le deſſuis & maîtriſer votre
mere, ſinon nous trouverons les moyens de
vous en ſéparer ; je ſuis tout à votre ſervice.
L'Avocat m'avoit jetté la douleur dans le
cœur ; il s'en apperçut, & me parlant avec
cet air flatteur qui a l'art de conſoler des
peines les plus vives, il me dit : conſolez-
vous, Madame ? votre vertu gémit de tout
ce que je viens de vous apprendre ; votre
douleur eſt injuſte, mais elle doit être active ;
il faut ſurprendre l'inſtant que Madame votre
mere ſera ſortie, & fouiller dans toutes ſes
armoires.

armoires. Je n'approuve pas que vous lui ayez
dit vos intentions ; cet avis pourra la mettre
fur fes gardes, & même l'engager à receler
de vos effets ; mais ce qui eft fait eft fait.
Paroiffez vous raccommoder ; qu'elle vous
voye fans foupçon, & pour-lors agiffez ; fi
d'ailleurs elle fait la méchante, nous lui ferons bien entendre raifon. Satisfaite de ce
confeil, je voulus quitter mon Avocat ; ie lui
mis fur fon bureau un louis : l'Avocat rougit ;
je crus avoir fait une fottife : j'en ajoutai une
autre ; l'Avocat reprit fon air grave. J'en remis un troifieme ; mais revenant à lui-même,
voyant que j'agiffois de bonne foi, il me remit à mon aife en me difant. Madame, reprenez votre agent ; je fuis trop flatté de vous
être bon à quelque chofe ; donnez - vous de
garde de m'en remettre davantage, car je
vous prierois de ne plus venir me confulter.
Je repris mes louis ; en fortant je donnai un
écu de fix francs à fon laquais. A peine eus-
je quitté le cabinet de mon Avocat, que je vis
une foule de monde dans fon antichambre
que j e pouvois à peine percer, qui avoient
attendu leur rang comme on attend chez les
payeurs. Je ris en moi-même de pitié du mé-

pris que mon Président faisoit d'un Avocat, &
je conclus qu'une grossiere vanité enfloit le cœur
de ce Robin ; je n'avois pas tort.

A peine fus-je rendue dans ma chambre,
que je m'informai si ma mere étoit chez elle ;
j'allois me préparer à l'adoucir ; mais on me
dit qu'elle étoit sortie, qu'elle ne reviendroit pas
dîner, & qu'elle ne rentreroit que fort tard.
Je m'informai si elle étoit sortie à pied : on me
répondit que oui ; je me tranquillisai.

Je me souvins pour-lors que j'avois une
double clef de sa chambre, je donnai des
commissions à mes gens : me trouvant seule,
j'ouvris la porte de la chambre de ma mere.
Heureusement elle avoit laissé ses clefs aux
armoires ; son secrétaire étoit tout ouvert.
Elle étoit sortie si navrée & si étourdie,
qu'elle avoit oublié de tout fermer. Je profi-
tai de cet heureux instant ; je pris dans son
secrétaire tous les titres & parchemins que j'y
pus découvrir. Je cherchai ensuite si je n'y
trouverois ni or ni argent : j'en trouvai épars
en plusieurs tiroirs ; mais la somme n'étant
pas assez considérable, je n'y touchai pas.
Au bas de son armoire il y avoit un coffre-
fort, qu'il falloit emporter ; mais il étoit

trop pesant. Comment faire; je trouvai dans le secrétaire des clefs; je les essayai toutes, mais inutilement: je me ressouvins heureusement qu'il y avoit une cave dans le secrétaire dont l'ouverture dépend d'un secret. A force de m'y prendre de mille & mille façons, je trouvai le secret; la cave se présenta à mes yeux toute remplie de sacs en or, & enfin de la clef du coffre-fort. Je prends l'or, je le porte chez moi; j'ouvre le coffre-fort, & à plusieurs reprises, je trouve le moyen de m'emparer de tout.

Cette opération faite, à ma grande satisfaction, je fermai la porte de la chambre de ma mere, & revins dans la mienne. L'après-midi vint compagnie à l'ordinaire; mon Président tenoit le jeu avec moi; j'étois de fort belle humeur, & je me rassurois contre les cris que déjà je croyois entendre de la part de ma mere.

Ma mere rentra, vint voir la compagnie, elle me parut fort gaie, elle n'étoit pas encore instruite de son sort; car voulant me surprendre moi-même, elle se ménageoit les moyens de pouvoir faire sortir de chez elle son coffre-fort; c'étoit ainsi qu'elle me l'a ap-

pris par la suite ; dans ce deffein, elle avoit
été chercher des confidens chez lefquels elle
pût le mettre en toute fûreté ; elle avoit trouvé ce qu'elle défirois, & avoit remis au lendemain à exécuter fes deffeins. Pour y réuffir,
il falloit qu'elle me préfentât un vifage riant ;
ce qu'elle fit. Moi, de mon côté, je me
prêtai à fes carreffes & lui fis fentir que j'a-
vois déjà oublié ce qui s'étoit paffé la veille :
l'iffue de cette aventure fut donc remife au
lendemain matin.

Le lendemain je me levai de fort bonne
heure ; je donnai ordre que l'on ne m'inter-
rompît point de la matinée : mais à peine
hors de mon lit, je fus étourdie par les cris
de ma très-digne mere qui crioit à toute tête,
au voleur, à la garde ! Par bonheur que fa
chambre étoit fur un derriere. Les domefti-
ques, qui l'entendoient, y entrerent ; elle
leur montra fon coffre-fort & fon fecrétaire
vuides ; elle les étourdiffoit de fes cris : ces
gens, ne voyant aucune porte, aucune fer-
rure de forcée, rien même de dérangé, lui
perfuaderent que c'étoient des voleurs privés ;
qu'il falloit fe taire, pour pouvoir les découvrir. Elle fe tut, voyant que c'étoit le plus

ſûr parti. Ma femme de chambre & mon laquais entrerent chez moi tout effarouchés, en me diſant : Madame, nous ſommes per- dus ; Madame votre mere a été volée, & ce ne peut être qu'un de nous qui ait fait le vol. Je me mis à rire de toute cette ſcene. Ces gens ne ſçavoient que penſer de mon rire, & ſe tuoient de me dire que ce ſeroit ſur eux que tomberoit la peine. Allez, mes enfans, leur dis-je, ſoyez tranquilles & raf- ſurez-vous ; vous ſçaurez bientôt qui eſt le voleur ; allez dire à ma mere que je le tiens, & qu'il ne lui échappera pas ; on l'interroge actuellement. Ma mere arriva ſur le champ toute en pleurs. Quoi ! ma fille, eſt-il bien vrai que vous connoiſſez le voleur & qu'on l'interroge ? Oui, ma mere, lui répondis-je, tranquilliſez-vous ; dans le jour vous en aurez des nouvelles, mais il faut me dire combien vous aviez d'argent, & en quelles eſpeces : vous a-t-on volé vos contrats ? Ah ! mon dieu, je ne penſois pas à cela, dit ma mere ; & ne faiſant qu'un ſaut, elle paſſa à ſa cham- bre, ou elle eut la douleur de ne plus trou- ver ſes contrats. Elle revint à moi auſſi-tôt me conter ce nouveau chagrin, les yeux tout noyés de pleurs ; eh bien ! lui dis-je , ne dites mot , gardez le silence , dites-moi combien il y en avoit , au nom de qui ils sont , & quelle somme chacun porte.

Ma mere s'en retourna un peu plus tranquille travailler à me mettre en main ce que je lui demandois ; elle ne mangea pas de la journée ; je ne la vis qu'un moment le soir , mais avec un air plus inquiet ; demain , disoit-elle , je découvrirai ce myftere.

Quant à moi , je m'occupai du soin de ne voir perfonne jufqu'à l'heure de la compagnie , de compter mes efpeces , & de rendre compte à mon Avocat de ce qui s'étoit paffé , en le priant d'examiner mes contrats : je n'eus que faire de compter les facs , ils étoient étiquetés ; je trouvai cent mille écus en or & près de cent mille livres en argent ; je voyois bien que les trois cent mille livres m'appartenoient , j'en avois affez reçu de mon Financier pour faire cette fomme ; mais je ne voyois point d'où provenoient les autres cent mille livres pour me les approprier. Je compris aifément que ce fonds étoit une reffource de l'induftrie de ma mere ; je pris donc la réfolution de les lui remettre ; mon Avocat

me dit qu'il y avoit pour dix mille livres de
rente, en différens contrats viagers, sur la
tête de ma mere & sur la mienne ; ce qui
faisoit un fonds de cent mille livres ; ces
contrats étoient de nouvelle date. Je vis
que cette femme avoit été économe en tout
point ; je louai sa prudence : mon Avocat
m'assura ensuite que la donation que Monsieur *Vilhomme* m'avoit faite étoit en regle, & que j'étois véritablement propriétaire
de la Terre ; qu'il falloit faire signifier cette donation aux Fermiers, Rentiers &
Vassaux de cette Terre, & faire enrégistrer
cet acte à la Justice du lieu. Mon cher Avocat ! lui dis-je, voudriez-vous me rendre ce
service ? Très-volontiers, me répondit-il.
Charmée de l'esprit de cet honnête homme,
& plus encore de sa politesse & de ses ma-
nieres prévenantes, je le cultivai si souvent
qu'enfin je devins amoureuse de lui, au point
de le prévenir des faveurs que je brûlois de
lui accorder. Que les femmes sont folles ! ou
plutôt, qu'elles sont tyrannisées par mille con-
tradictoires, quand elles ont donné un libre
empire à leurs sens !

Mon Avocat étoit d'un caractere singulier.

F iiij

toujours gai , toujours uniforme ; il aimoit les
femmes ; il n'auroit cependant point fait un
pas pour ſe concilier leur cœur ; mais il n'en
auroit refuſé aucune qu'il eût rencontré favorable à ſes deſirs. Il nous eſt impoſſible , me
diſoit-il quelquefois , de nous diſtraire de nos
devoirs ; j'aime mon état, je ne le change-
rois pas pour la place du Premier Préſident;
je n'ai beſoin de perſonne , & tout la monde
a beſoin de moi. Je vis tranquille , heureux
au ſein de ma famille ; j'aime la paix du
cœur , & la tranquillité de l'ame ; le plaiſir
eſt de mon goût , mais je ne m'y livre jamais. Tel étoit effectivement ſon caractère.
Comme je ſçavois qu'il ſortoit tous les ſoirs
ſur les ſept heures pour s'amuſer , je le priai
de deſcendre chez moi. J'ai bonne compagnie , lui dis-je , venez vous y délaſſer. Il accepta ma propoſition avec plaiſir ; il avoit
d'ailleurs une femme aimable , d'un caractere bienfaiſant & l'eſprit orné ; ce ſont les
ſeuls amis que j'aye pu rencontrer , & auſſi
les ſeuls que j'aye cru devoir me conſerver.
Nous étions dans ce tems proche des vacances ; mon Avocat m'avoit réglé la conduite
que je devois tenir à ma Terre pour la gou-

verner avec fagefle ; mais ne pouvant lui promettre d'exécuter ponctuellement tout ce qu'il
me preícrivoit, il m'affura qu'il dégageroit fa
parole d'avec quelques perfonnes qu'il fuivoit
ordinairement à la campagne, pour me donner la préférence. Cette préférence me char-
ma, & me lia bientôt à lui plus étroitement.

Je reviens au jour que je devois voir ma
mere, qui me remettroit l'état de ce qui lui
avoit été volé la veille. Elle vint dans ma
chambre, je fortois de chez mon Avocat.
Qu'avez-vous donc fait hier toute la journée?
je ne vous ai point vue, lui dis-je. Je crois,
me dit-elle, que vous me prenez pour une
bête pour ne point appercevoir que c'eft
vous qui m'avez joué le tour dont je me
fuis plaint hier. Fille ingrate & dénaturée!
vous me réduifez à la mifere, pendant que
je n'ai travaillé que pour vous enrichir. Rendez-moi mon argent & mes contrats, ou
vous verrez éclater une vengeance trop bien
méditée pour que l'objet m'échappe. Madame, lui dis-je d'un ton de hauteur, à quel
prix malheureux cherchez-vous à m'enrichir?
Tremblez plutôt que je ne vous facrifie à mon
jufte reffentiment : j'ai fuffifamment d'armes

pour vous réduire & fouftraire au mônde un
monftre tel que vous. Je fouffrois beaucoup en
lui parlant de cette façon, mais je prenois
cette voie comme la plus fûre & la derniere
que je pouvois employer. Je fus faifie à mon
tour de l'air abattu & confterné que je lui vis;
je ne fçavois à quoi attribuer fa frayeur. Per-
don, ma chere fille, s'écria-t-elle, vous fçavez tout, apparemment; excufez mes égaremens, laiffez-moi de quoi vivre & ne m'a-
bandonnez pas. Avouez-moi que c'eft vous
qui m'avez pris mon or & mon argent. Oui,
Madame, lui répartis-je, fi votre repentir eft
fincere je vous pardonne, mais votre conduite me répondra de votre fincérité. Tenez,
voilà cent mille livres que je vous remets.
Cette fomme, je penfe, vous appartient; je
garde le refte qui eft à moi. Quant aux contrats, de quel droit avez-vous mis les fommes
qu'ils renferment fous votre nom; C'étoit
donc afin de me les ravir & que je ne puffe
en profiter qu'à votre mort; Signez-moi un
écrit comme ces contrats n'appartiennent qu'à
moi feule, & vous me rendrez juftice. Ma
mere, en recevant les cent mille livres, me
figna cet écrit, que mon Avocat eut foin de

faire rédiger dans une meilleure forme. Depuis
ce tems ma mere fut douce & foumife à ma
conduite.

Je ne fçavois à quoi attribuer un changement fi fubit & fi extraordinaire. Je fçais
donc tout ! me répétois-je fouvent ; mais
qu'eft-ce que ce tout quelle s'imagine que je
fçais ? En vain voulois-je découvrir ce qui ne
m'étoit point encore permis de fçavoir. Dès
le même jour je mis ordre à mon domeftique
& à ma dépenfe ; je voulois de l'ordre, de
la décence, & non de l'éclat & du fuperflu.
Je voulus que ce fût de moi que l'on prît les
ordres, & à moi que l'on rendît compte. Faifant moi-même la dépenfe, je voulus en fçavoir le montant, je me bornai à mes dix mille livres portées en mes contrats, le refte me
fit un fonds de furérogation ; je plaçai mes
cent mille écus avec l'aide de mon Avocat,
& je me fis quinze mille livres de bonnes
rentes. Les vacances approchent, je brûle d'aller à ma Terre.

Il y avoit du tems que je n'avois vu Monfieur *Vilhomme*, je ne m'étois point apperçu
de fon abfence pendant ce tems de nos affaires. Dès que je fus tranquille, je penfai à lui

en ne doutant point qu'il ne fut malade, je
me préparois à l'aller voir un matin que je
m'étois fixé ; ce matin même on m'annonça
à ma toilette Monsieur *de Vilmarests*, on fit
entrer ; quelle surprise me saisit en voyant
dans cet homme mon petit Marquis *de Ducals*,
fils de Monsieur *Vilhomme*, qui m'abordant
d'un air respectuex & soumis, m'apprit la
mort de son pere, & me rendit ses dernieres
dispositions à mon égard, dans lesquelles il
ratifioit la donation qu'il m'avoit faite avec
un présent de cinquante mille livres. Monsieur
de *Vilmarests*, après que j'eus fait lecture de
ce Testament particulier, me dit : Madame,
c'est avec le plus grand plaisir du monde que
je satisfais aux volontés de mon pere. Voici
l'acte comme je ratifie ces dons, & voici des
billets sur les Fermes pour valeur du legs de
cinquante mille livres : que je suis enchanté
que mes folies se trouvent réparées par un pere
qui a rendu hommage à votre vertu & à votre sagesse ; je rougis encore de honte de ce
qui m'est arrivé, & il falloit une occasion
aussi triste & aussi favorable pour oser me
présenter devant vous. S'il ne falloit pas moins
de mon côté que les dernieres volontés d'un

homme que j'eftimois pour me faire accepter
ces derniers préfens, je fus enchanté de les
recevoir de la main d'un fils que je voyois
marcher dans la voie de la vertu & de la décence. Je lui fis mille remerciemens, & lui
dis que j'avois tout oublié. N'importe, Madame, me dit-il, c'eft une grandeur d'ame
de votre part d'avoir oublié mes extravagances; mais il eft de la grandeur de la mienne
de ne les jamais oublier. Rendez-moi votre
eftime & votre amitié; c'eft tout ce que peut
prétendre un cœur auffi coupable que je l'ai
été. Je dois vous refpecter, & mon refpect
doit fe prouver par l'abfence. Je fçais combien
votre réputation fouffriroit, fi vous me rendiez
libre l'accès que je fouhaiterois avoir auprès
de vous : auffi je me l'interdis & vous vois
peut-être ici pour la derniere fois. Je fus faifie
de tant de fageffe & de tant de retenue, je
lui voyois le cœur gros de foupirs & de larmes qu'il retenoit à peine; mais lui, fans attendre ma réponfe, me quitta, & jamais depuis je ne l'ai revu.

Ces fentimens d'une vraie vertu, confon-
dus dans mon ame avec le regret fincere que
je reffentis de la mort de Monfieur *Villhomme*,

me firent verser des larmes ; je les chérissois ces larmes, & je vis la vertu se frayer pour la premiere fois une voie pour se faire entendre. Je plaignis mes égaremens, je pleurai sur ma conduite, bien résolue d'y mettre ordre. Je crus mes pleurs sinceres, je changeai de façon de vivre à la vérité, je n'eus plus avec les hommes aucune familiarité, je n'aimois plus enfin ; heureuse si mon Avocat n'eût été qu'un Amant ordinaire !

Ce fut quelques jours après que j'appris la mort du Marquis de * * * par son Valet de Chambre, qui m'apporta une Lettre de sa part, & la derniere qu'il m'écrivoit. Voici ce qu'elle contenoit : » Je meurs, me dit-il en- » fin, ou plutôt je cesse de vivre, car il y a » long-tems que je suis mort, mon cœur n'a » cessé de vous aimer, & je meurs en vous » adorant : recevez ce que mon Valet de » chambre vous donnera de ma part, & sou- » venez-vous de moi. Adieu, ma chere ame, » pensez souvent à un homme qui n'a jamais » été un instant sans penser à vous. » Je lus cette Lettre avec la derniere émotion ; toute ma tendresse se réveilla, & je pleurai amére- ment la mort, la triste mort de mon unique

& cher Amant. Il m'envoyoit un Ecrin superbe, & des billets fur les fermes pour une fomme affez confidérable. Que ce préfent fut cher à mon cœur! c'étoit le feul qu'il m'eût fait? hélas! fon cœur me tenoit lieu de tout, j'aimois uniquement un homme qui m'aimoît uniquement.

Le tems qui entraîne tout, diffipa ma douleur; je coulois des jours fereins & tranquilles, mon cœur n'étoit plus le jouet de fes paffions. J'étois riche, je portois un grand nom, tout me rioit, tout m'enchantoit; j'étois fage enfin. Il me falloit apparemment encore une fottife pour me livrer entierement à l'amour de la fageffe.

Mon Avocat me tint parole, il me vint voir à fept heures du foir, je jouois avec le Préfident au Piquet tête à tête; il y avoit à côté de nous une table de réverfis. Le cercle de ma compagnie étoit brillant. On l'annonça fous le nom de mon Avocat, je le faluai avec amitié, il m'appelloit fa chere Cliente, & moi je l'appellois mon cher Avocat; j'avois dans mon cercle deux femmes de condition avec leurs maris, qui dès qu'elles virent l'Avocat, fauterent à fon cou & l'embrafferent ; chacun à l'envi faisoit son éloge : lui recevoit toutes ces acclamations avec autant d'esprit que de modestie. Remarquez que sous sa conduite les uns avoient gagné leurs procès, les autres avoient perdu, mais aucun ne lui en reprochoit la perte ; une malheureuse victime de Thémis, qui étoit le Comte de ✱✱✱, & qui étoit un des Joueurs à la table de réversis, se réveilla à cette conversation, & jetta feu & flamme contre les Juges & contre son Rapporteur ; il auroit même continué ces imprécations, si le judicieux Avocat ne l'eût interrompu : mais il le fit avec tant d'esprit & d'un air si enjoué que le Comte de ✱✱✱ ne put s'empêcher d'en rire : on donne, dit l'Avocat en finissant, vingt - quatre heures à ceux qui ont perdu leur cause pour jurer, pester contre l'Avocat, le Rapporteur & les Magistrats ; mais ce tems passé, il n'est plus permis que de penser à réparer le tort que la perte du procès a fait...... Puis appercevant le Président qui jouoit avec moi, il s'avança vers lui & lui fit une profonde révérence, en lui demandant pardon de ne l'avoir pas apperçu plutôt. Le Président lui fit un salut de protection que l'Avocat remarqua ;

mais

mais comme il sçavoit à quoi s'en tenir, il
se mit à mes côtés pour me regarder jouer.
Le Président lui lançoit souvent des regards
méprisans & l'apostrophoit en termes quelquefois indécens : l'Avocat ne répliquoit rien,
mais il jouissoit en secret du malin plaisir de
voir l'embarras du Magistrat.

Il y avoit déjà long-tems qu'il s'appercevoit
que le Président, ou me ménageoit ou ne sçavoit pas le jeu ; pour être sûr de l'un ou de
l'autre, il lui dit son sentiment sur une carte
des plus mal jouée de sa part. Monsieur le
Président, lui dit l'Avocat, vous êtes sûrement
distrait, j'en connois aisément la cause dans
le tête à tête où je vous vois ; vous auriez dû
jouer telle autre carte. De quoi vous mêlez-
vous, Monsieur l'Avocat, répartit le Président ?
tout doit vous être respectable partant de nous,
& vous nous devez une entiere soumission par-
tout où vous nous rencontrez ; maltraitez-nous
de paroles dans vos petits conseils, à la bonne heure, vous êtes payés pour cela ; mais
sçachez respecter nos démarches. L'Avocat,
sans s'émouvoir, lui répartit : Une partie de
Piquet a-t-elle quelque chose d'aussi mystérieux
que la façon d'un Arrêt, pour le prendre sur

le ton que vous le prenez ? Je vous paſſe ces
puérilités, je vous dois du reſpect comme Ma-
giſtrat, & vous me devez des égards comme
Avocat, mais ſortis une fois de ces qualités,
nous ſommes aſſez égaux. Que ce terme ne
vous révolte pas. Puis continuant ſon diſcours
ſur la carte mal jouée, ou vous ne ſçavez pas,
lui dit-il, le jeu, ou vous faites votre cour à
Madame d'une façon bien enfantine. Toute
la Compagnie applaudit à l'Avocat, & le
Préſident ſe tut. Quand à moi je riois dans
le fond de mon cœur, & je m'applaudiſſois
de voir le Préſident humilié. Le jeu fini,
j'engageai le Préſident & l'Avocat à ſe raccommoder enſemble & à ſouper avec moi ; le
Préſident, qui m'aimoit, accepta la propoſition, & l'Avocat y conſentit ; j'envoyai in-
viter Madame *du Breuil*, femme de l'Avocat ;
c'étoit ainſi qu'il s'appelloit : la partie ſe lia
de façon que les deux femmes de condition,
& leurs maris, s'en mirent ; ce qui me fit un
grand plaiſir : on ſe raccommoda aiſément avec
le Préſident, qui étoit un bon homme, ſans
fiel & ſans amertume ? on ſe divertit ; enfin
tout le monde ſe retira fort gai & fort content. J'ai ſçu par la ſuite que cette converſa-

tion l'avoit déterminé à quitter ces faux airs qu'inspire une vanité grossiere, & que sans être une aigle dans sa place, c'est un très-honnête homme, & que l'esprit de justice intéresse véritablement.

Les vacances approchent, je m'apprête à faire mon entrée triomphante dans ma capitale, je donne mes ordres, ou plutôt l'Avocat me les fit donner ; je l'emmene avec sa femme & deux de mes amis, & ma mere ; nous arrivons ; je vis avec un grand plaisir & un secret amour propre, l'avenue bordée de paysans le fusil sur l'épaule, une cocarde au chapeau, qui entourerent nos carrosses & nous conduisirent ainsi jusqu'au Château. on fit la garde toute la journée & toute la nuit ; le soir feu d'artifice & illuminations. Enfin ce ne fut pendant deux ou trois jours que fêtes, que cadeaux & divertissemens. Ma mere, entr'autres, étoit si enchantée qu'elle ne sçavoit à qui témoigner sa joie. Eh bien, ma fille, me dit-elle dans un de ces ravissemens, ceci est pourtant mon ouvrage ; pouvez-vous me mépriser à présent ? Je la laissois dire & je ne l'écoutois pas.

De mon côté j'avois fait préparer des tables

pour tout le village ; tous les habitans mangerent & burent à diſcrétion pendant ces trois
jours : je fis plus, par le conſeil de mon Avocat,
je fis demander le rôle des tailles & je payai
l'année en leur faveur ; cette marque d'amitié
envers eux me fit combler d'éloges , & me
donna leurs cœurs. C'eſt la façon d'agir avec
ces ſortes de gens ; au premier début ils nous
donnent leur amitié , ou nous livrent à leur
haîne.

Mon Avocat prit ſur lui de leur remettre
tout ce qu'ils devoient d'ancien ; je demandai
au Curé qui me vint voir & ſaluer en cérémonie, de ne me rien cacher de tout ce qui
pouvoit leur être utile , que je voulois leur
ſervir de mere ; enfin mon Avocat harangua les
Juges, & leur donna des inſtructions. Tels
ſont, ce me ſemble, les premiers ſoins qui
doivent décider de notre conduite, dès que
nous ſommes chargés de la déployer ſur les
peuples : le payſan n'eſt point fait pour être
notre eſclave, encore moins pour être gouverné
avec une verge de fer.

Je reviens à préſent à l'examen de ma Terre,
& à celui de mon Château. Mon Avocat fit
de nouveaux baux , les derniers étoient de

moitié trop bas ; il s'apperçut de la mauvaise administration des gens d'affaires du Financier ; il leur fit rendre compte ; ils redevoient considérablement, il leur en fit grace, & les congédia ; il augmenta les fermes de moitié, & cette terre qui ne produisoit rien d'utile à Monsieur *Vilhomme*, me produisit vingt mille livres de rente. Mon Avocat fit des baux au rabais pour la culture des jardins, l'entretien des parterres, du parc & des allées, de façon que, tous frais faits, je retirois de ma terre dix-sept mille livres de rente. Il visita ensuite les papiers terriers, qui étoient en fort mauvais ordre ; il fit rentrer les mouvances qui en avoient été séparées ; tous les Vassaux passèrent leur déclaration, & en moins de deux ans, sans procès ni contestation mon terrier me rapporta six mille livres année commune. De tels services méritent certainement un attachement constant ; je ne rendis que trop aussi cet attachement inviolable.

Pendant le tems que mon Avocat s'occupoit, j'examinai le Château & toutes ses dépendances. Rien de si superbe que les appartemens, & les meubles qui y étoient, rien de si commode que leurs compartimens, rien de

ſi beau que la vue , rien de ſi galant que les
parcs , les jardins & les terraſſes , aux pieds
deſquels tomboit la riviere de****. Quand
j'eus ſatisfait mes yeux & que mon amour-
propre fut content de ce côté , je ſongeai à
rendre les devoirs de bienſéance à mes voiſins;
j'en avois d'un rang médiocre , & d'un rang
élevé ; je donnai mes ſoins aux ſeconds qui
me reçurent avec bonté ; je les partageai enſuite avec les autres qui me reçurent avec
amitié. Nous nous liâmes tous enſemble , de ſorte que j'étois peu de jours ſans être viſitée ou ſans
rendre des viſites ; nous mangions ſouvent enſemble : cette vie me plut infiniment.

Après la deſcription de toutes ces diſſipa-
tions , je rentre un peu dans mon intérieur.
Mon Avocat menoit à la campagne à peu près
la même conduite qu'à Paris. Toute ſa matinée étoit occupée à mettre ordre à mes affaires , ſouvent il entroit dans ma chambre où
il me trouvoit au lit pour conférer avec moi
ſur le plus avantageux des partis qu'il me pro-
poſoit. Ses converſations toujours ſur des objets ſérieux , n'ayant rien de froid ni de pé-
danteſque , il aſſaiſonnoit l'importance de ſes
conſeils de mille petits traits enjolivés , de

mille petites plaisanteries sur ma paresse , sur
ma beauté, sur mes amours , de sorte qu'il
excitoit souvent dans moi des ris immodérés ;
c'est tout dire , que la vivacité de son esprit
m'amusoit infiniment & me rendoit sa présence agréable. D'abord , je ne sentis que de
l'amitié & de l'estime , j'éprouvai bientôt des
sentimens de reconnoissance , ils étoient tendres , ils approchoient de l'amour : pouvois-je
m'y méprendre ? c'étoit l'amour même. Mais
comment déclarer cet amour à un homme solide , divertissant , amusant , & qui ne sentoit
autre chose que de l'amitié pour moi , ou plutôt qui n'avoit jamais connu l'amour ? Je me
proposai d'employer tout l'art possible pour
fixer ce cœur ; rien ne réussit . plus j'employois
d'art , moins il y prenoit d'attention , & si
quelquefois il me voyoit sortir du simple &
du naturel , c'étoit un motif de plus pour l'exciter à de perpétuelles badineries ; j'enrageois
souvent , je pris donc le parti d'être plus fa-
miliere avec lui , & lui dis un jour : Quoi !
mon cher ami , vous n'avez donc que de l'esprit ?
où est donc votre cœur ? vous n'avez donc jamais connu l'amour ? Non , Madame , me dit-
il , j'espere ne le jamais connoître. Je souhaite,

lui répartis-je, que quand vous le connoîtrez, vous soyez assez puni pour rencontrer une ingrate. Tant mieux, Madame, me répliqua-t-il, j'en aurai bientôt perdu le souvenir. Il est cependant si doux d'être aimé & d'aimer, lui dis-je, que je ne conçois pas qu'un homme comme vous n'ait jamais éprouvé cette douceur d'aimer. Hé ! Madame, que dites-vous ? nos cabinets sont pleins des suites funestes de ce malheureux amour, il n'y a qu'à lire nos Mémoires. Qu'est-ce en effet qu'un Amant ? c'est ordinairement un homme oisif, un homme inutile à la Société, insupportable à lui-même. Qu'est-ce qu'une Maîtresse ? une femme, ou fiere ou extravagante, un coquette, une femme à caprices, un cœur à ressorts qui prend le feu de son imagination pour de la tendresse, & toujours les mouvemens de ses sens pour son cœur. Voilà, en vérité, une belle société qu'un Amant & une Maîtresse ! Je sentois que ce portrait étoit véritable, j'en rougis dans l'ame, mais le dépit m'entraînoit. Ce dépit étoit si vif que je ne pus m'empêcher de lui riposter : c'est-à-dire à votre façon de penser, lui dis-je, qu'il faudroit qu'une femme vous demandât la permission de vous

aimer , & la liberté de vous prodiguer des
faveurs ? car , quoique vous n'aimiez pas , il
peut y avoir certaines femmes qui vous aiment.
A la bonne heure , me répartit l'Avocat , je
suis à ce prix l'homme du monde le plus amoureux , & reprenant ensuite son air badin qui
m'amusoit ; mais , me dit-il , ne seroit-ce pas
vous qui m'aimeriez ? Je rougis sans lui répondre : mais l'Avocat prenant sur le champ
son parti , me jetta sur mon lit , m'embrassa
avec vivacité , je ne dis pas tendresse , car je
ne lui en supposois pas. Vous êtes bien vif , lui
dis-je , Monsieur l'Avocat : attendez que je
vous prie auparavant , encore craindrois - je
d'être refusée. Je lui dis ces derniers mots avec
un certain ton de langueur qui lui donnoit
une nouvelle ardeur : lui feignant de raccommoder mon lit , qui paroissoit en mauvais ordre,
je lui laissai entrevoir des charmes qui , sé-
duisant ses sens , l'emporterent à me donner
des preuves d'une tendresse qu'il n'avoit point
encore connue. Au milieu de nos mutuels
embrassemens je lui fis la confidence de l'amour
que j'avois conçu pour lui. Je vous avouerai ,
me dit-il , que je vous aimois , que vous seule
au monde étiez capable de m'inspirer un amour

que je n'avois jamais éprouvé : je souhaitois
rencontrer une femme aimable , & qui m'ai-
mât, sans qu'elle pût pénétrer la tendresse que
j'aurois eue pour elle : par cette délicatesse de
ma part , je n'ai rien à craindre de l'incons-
tance des femmes. J'ai voulu voir le terme
où aboutiroient les fréquentes attaques que
vous m'avez faites. Rien ne m'a échappé de
vos différentes façons de vous faire entendre.
Je voyois votre dépit secret , je riois du fond
de mon cœur des artifices qu'une femme amoureuse employe pour venir à ses fins ; jugez donc
du plaisir & de la satisfaction que je ressens
entre les bras de la plus aimable femme du
monde. Une coquette se fût piquée de mes
prétendus mépris , & j'aurois ris de sa colère.
Une pareille leçon doit apprendre quels détours les hommes employent pour trahir notre
foiblesse.

A tous égards je ne pus me repentir d'avoir
donné de l'amour à l'homme le plus aimable
& le plus solide que j'aye jamais rencontré.
Nous nous sommes vus de cette façon pendant
près de dix ans sans que l'on se soit apperçu
de notre intelligence. Je n'ai jamais trouvé
personne plus égal , plus véritablement à moi,

plus attaché à ſes devoirs plus diſcret & plus ſincere ami. De telles liaiſons donnent peu de remords, je n'en éprouvai aucun pendant notre commerce, ſa mort ſeule me réveilla de ma léthargie, & me faiſant enviſager l'indécence & le crime de ma conduite, me remit enſuite dans la voie de la véritable vertu.

Nous ne quittames la campagne qu'aux Rois, & nous revinmes à Paris, bien contents de nos vacances : je continuai mon même genre de vivre ; on m'aimoit on m'eſtimoit, j'oſe le dire : ma mere étoit ſoumiſe, & on n'entendoit plus parler d'elle. Six mois ſe paſſerent dans cette tranquillité, au bout deſquels ma mere reçut une Lettre de Monſieur le Comte d'*Ul...* qui lui marquoit que ſa ſanté dépériſſoit, qu'il avoit beſoin de repos, qu'il avoit obtenu un congé de ſix mois, & qu'il les viendroit paſſer chez elle.

Dans le cours des viciſſitudes dont j'ai rendu compte, je l'avouerai, j'avois oublié mon pere, & encore mieux mon mari : la Nature ne me rappelloit pas le premier, le ſouvenir de l'autre m'étoit en horreur ; de façon que l'un & l'autre ignoroient mon état préſent. Mon pere s'imaginoit que j'étoit chez ma mere, & que

nous menions une vie au moins aisée, puis-
qu'il n'entendoit point parler de nous. Il choi-
sissoit notre maison préférablement à l'Hôtel
des Invalides, vu son âge & ses infirmités. Ma
mere ne me parla pas de la Lettre qu'elle reçut ; elle y répondit que j'étois grosse Dame depuis mon second mariage, que j'avois une belle Terre, qu'elle demeuroit chez moi, trop
heureuse d'être ma premiere Domestique. Tel
est l'éloge que faisoit de moi ma très-digne
mere. Je fus bien surprise aussi de la Lettre
que je reçus de mon pere, par laquelle il me
témoignoit ces reproches ; il me demandoit ensuite sur quel ton je le recevrois, qu'il attendroit
ma réponse avant de se déterminer.

Surprise d'une Lettre aussi affligeante pour
moi, j'eus la discrétion de n'en rien témoigner à ma mere, & lui écrivis que je sçavois
à quoi m'en tenir sur ce qu'il m'avoit écrit,
que l'auteur de sa Lettre étoit la même personne dont il avoit toujours eu lieu de se mé-
fier, qu'au surplus je le conjurois de venir
recevoir mes tendres embrassemens, que je
l'aimois & le respectois trop pour qu'il pût douter de mes sentimens. Mon pere, à ma réponse, sentit que le trait qui l'avoit percé ve-

noit de la part d'une femme indigne de sa confiance : il m'a même avoué depuis que s'il m'avoit écrit dans ces termes, ce n'est pas qu'il ajoutât foi à la réponse de sa femme ; qu'il n'avoit eu intention que de sçavoir de moi des dispositions dont il n'avoit jamais douté.

Mon pere partit donc au reçû de ma Lettre, & arriva dans mes bras : je lui avois fait préparer une chambre à côté de la mienne pour être plus sûre des attentions qu'on auroit pour lui. Il étoit effectivement bien changé, entiérement vieilli, & accablé d'infirmités. Mais c'étoit toujours le même esprit & le même bon sens. Il me félicita de ma bonne conduite, & de mon état florissant : je l'instruisis de la vie que j'avois menée, & , à l'exception de mes amours, il fut au fait des moyens dont la Providence s'étoit servie pour me mettre en l'état où je me trouvois. Par mes bons soins, la vie réglée & la bonne compagnie qu'il trouva chez moi, en moins de trois mois il se porta à merveille : son ami le plus précieux étoit l'Avocat, ils ne pouvoit se passer l'un de l'autre ; l'Avocat sur-tout ne pouvoit s'empêcher d'admirer la justesse de son esprit, & son bon sens surpassoit, selon lui, l'intelligence la plus éclairée.

S'il recevoit tant d'amitiés de ma part, il y étoit très-sensible, sans cesse il faisoit mon éloge. Madame d'*Ul*.... qui ne pouvoit le souffrir, mais qui le craignoit, le mettoit souvent dans des impatiences qui l'irritoient jusqu'à la fureur. Comment avez-vous pu venir à bout de cette femme ? me disoit-il quelquefois : car son esprit est aussi méprisable que sa conduite ; au premier jour je la ferai expirer sous le bâton. J'adoucissois l'esprit de mon pere, pendant que je réprimandois la conduite de ma mere : je venois à bout de tranquilliser le premier ; mais pour ma mere, c'étoit *laver la tête à un Maure*. Cependant la tranquillité revint, ma mere fut contrainte de se soumettre ; nous passions d'heureux jours, lorsqu'environ neuf mois après l'arrivée de mon pere, il fut surpris à ma campagne d'une attaque d'apopléxie : le pauvre homme ne languit que deux jours, après lesquels il expira. Je fus sensible à cette perte, mais ma mere s'en réjouit. Heureuse encore si cette mort eût été pour moi l'unique sujet de douleur ! Mais pour surcroît d'infortunes on vint m'avertir que, depuis quatre à cinq jours, on voyoit roder autour du Château deux hommes

forts & robustes, qui sembloient avoir quelques
mauvais desseins.

Quoique je ne me connusse aucun ennemi,
je ne néligeai pourtant point cet avis, &
priai de m'informer comment ils étoient faits:
on se souvint pour - lors d'avoir vu ces deux
hommes à l'enterrement de mon pere : dont
l'un étoit grand, assez bien fait, un habit
étranger, uniforme, il étoit accompagné d'une
espéce de *Pandour* : ils avoient suivi le cortége.
A la peinture du premier je reconnus le Comte
de la Fere, mon mari, qui venoit faire quelque mauvais coup, & qui n'étant point brave, s'étoit fait accompagner par quelqu'affi-
dé : il fut donc question de me mettre en sûreté, je priai l'Avocat de m'être utile en cette occasion ; il alla lui-même à..... Ville à deux
lieues de ma Terre, demander main-forte au
Lieutenant de la Maréchaussée de cette Ville,
qui sur mes justes plaintes envoya un détachement pour me prêter secours & arrêter ces
deux hommes. La Maréchaussée arriva, il me
fit donner deux Cavaliers qui se cacherent dans
le Château pendant que d'autres allerent à la
découverte. A peine ce secours fut-il arrivé &
rangé que je pris de fortes assurances, bien

déterminée à recevoir ces hommes. En effet,
à force, de leur part, de tourner inutilment
autour du Château ; je les apperçus venir droit
à la porte d'entrée ; je criai que les *Pandours*
arrivoient, & me mis en état de les recevoir ;
je reconnus d'abord mon mari ; pour son
Spadaſſin, je n'avois garde de le connoître,
je ne l'avoit jamais vu ; il avoir la phyſio-
nomie rude, féroce, & prête à tout entre-
prendre ; sa figure me fit frayeur. Quoi !
c'eſt vous, Monſieur, dis-je au Comte de la
Ferre ; depuis huit jours vous êtes ici, vous
rodez comme un voleur autour de ma maiſon, & vous arrivez chez moi à main armée !
mon Mari, fort poltron de ſon naturel, fut
ſaiſi de crainte en me voyant lui parler d'un
ton ſi ferme ; auſſi ſe contenta-t-il de me
faire une révérence ſans proférer un ſeul mot.
Le Spadaſſin répondit : oui, Madame, nous
venons ici & nous y venons en garniſon juſqu'à ce que vous ayez donné à Monſieur votre
mari, qui eſt mon Capitaine, trente mille
livres dont nous avons beſoin ; allons, mon
Capitaine, démeublons tout ceci en attendant
qu'on nous réponde ; & vous, Madame, con-
duiſez-nous au coffre-fort & au buffet ; il
faut

faut commencer par prendre ce mobilier ;
point de réfiſtance, Madame, allons, donnez-moi la main ; ſinon je vous paſſe trois
balles à travers le corps. Je jettai un léger
cri, comme étant le ſignal. Point de violence ;
lui dis-je, Monſieur, je veux vous conduire
par-tout. Je fis étaler toute l'argenterie ; on
les laiſſa l'emballer : quand cela fut fait, le
Grenadier ſe fit apporter une échelle pour
détendre les tapiſſeries ; je commençois à
trembler voyant que perſonne ne venoit à
mon ſecours ; mais à peine le Grenadier eut-
il quitté ſes armes pour monter à l'échelle, à
peine étoit-il déjà grimpé juſqu'au haut, que
quatre de mes fuſiliers entrerent la bayonnette au bout du fuſil, qui entourerent mon
Pandour. Qui fut bien ſot ? ce fut mon mari :
qui fut craintif ? ce fut mon ſpadaſſin. On le
fit deſcendre, on le lia, on dreſſa procès
verbal de tout ce qui s'étoit paſſé ? je priai
pour mon mari, on me le laiſſa en garde ;
enſuite on conduiſit mon homme aux priſons
de la ville de ***** où au bout de huit jours,
ſon procès fait & parfait, il monta pour la
derniere fois de ſa vie à l'échelle.

Mon mari plus tremblant qu'un criminel

devant son Juge, se jetta à mes pieds, me
demanda pardon, & me pria de ne le pas
perdre. Il me dit qu'il avoit contracté des
dettes en Italie, dont le défaut de payement
l'avoit forcé de quitter son emploi ; que craignant que je ne voulusse pas les acquitter, il
avoit formé le projet de me faire peur, & d'emporter de force ce qu'il se doutoit bien que
je lui aurois refusé. De combien avez-vous
besoin, lui dis-je ? .... De dix mille livres ? ...
En ce cas, Monsieur, il ne falloit pas tant
de façon : votre mauvaise conduite vous a fait
faire d'assez mauvaises actions : vous avez été
chassé d'Italie, sans doute ; & vous n'avez pas
où vous retirer : allez, Monsieur, partez dès cette nuit ; cette affaire si lâche & si méprisable peut
avoir des suites ; voilà dix mille livres que je
vous vais faire compter : mais si j'entends parler de vous, je vous ferai renfermer pour ne
me pas deshonorer. Le Comte de la *Fere*,
charmé d'avoir cet argent, s'en alla fort content ; mais où alla-t-il ? à Paris, Ville qu'il
auroit dû fuir de toutes ses forces. A peine y
fut-il arrivé, qu'il dissipa cette somme & eut
recours aux ressources, pour continuer ses dé-
bauches. Les lettres de change se protestoient

faute de payement ; il fut arrêté : ce fut de
fa prifon qu'il m'écrivit fon défaftre : je ne
me hâtai point d'y remédier ; au contraire,
je follicitai des ordres fupérieurs pour le faire
enfermer ; j'étois même déjà de retour à Paris,
lorfque l'on me renvoya fa lettre de mon
Château. Déjà les ordres m'étoient remis,
quand je reçus de fa part une affignation qui
tendoit à rompre notre mariage, attendu que
je n'étois point fille de Monfieur & de Madame *d'Ul*..... que même il fe foumettroit de
prouver que le mariage de ces deux perfonnes
n'étoit qu'un concubinage.

Cette nouvelle me frappa fans me fur-
prendre : je crois tout cela, me difois-je en
moi-même, & tout eft vraifemblable, mais
qui fuis-je ; quel eft mon pere & quelle eft
ma mere ? voilà mon embarras.

Je montai fur le champ chez mon Avocat, à qui je fis le récit de l'ignorance où
j'étois de ma naiffance. Cet homme fenfé me
remit de mon trouble, en me difant, que
vous fait votre naiffance ? Vous vous êtes
crue fille de Monfieur & de Madame d'*Ul*....
vous avez été mariée fous leur nom ; ce font
eux qui vous ont mariée en qualité de pere

& mere ; c'est à Madame d'*Ul*.... à démê-
ler cette énigme : quant à vous, vous n'avez
point de quoi vous glorifier de votre naissance, elle est au plus bas étage ; votre état est
fixé, rien n'est plus à désirer pour vous, que
votre tranquillité. Le plus bel évenement qui
puisse en arriver, c'est de voir votre mariage
rompu avec un homme aussi méprisable, &
de n'être fille de personne ; il n'y a que l'éclat
qui soit en ceci désagréable ; mais armez-vous
de fermeté, & que cela ne vous fasse aucune
peine : six mois de campagne auront enseveli
tous les caquets : laissez moi, je vais inter-
roger votre mere.

A peine descendois-je fort tranquille de
chez mon Avocat, que j'apperçus Madame
d'*Ul*.... furieuse, comme vous le pensez,
d'avoir reçu une pareille assignation. Je lui
conseillai d'aller voir Monsieur Dubreuil : elle
monta chez lui : Monsieur Dubreuil lui demanda la vérité des faits ; qu'il ne falloit
point faire de bruit, que tout dépendoit de
son aveu pour pouvoir conduire son affaire.
Madame d'*Ul*.... jura qu'elle étoit femme
de Monsieur d'*Ul*.... & que j'étois leur fille.
En ce cas, dit l'Avocat, allez me chercher

un certificat de mariage. Je ne l'ai jamais
retiré, lui dit-elle. Eh bien ! vous sçavez
la Paroisse où vous avez été mariée, allez
le retirer.

Ma mere ne se pressa pas de suivre les conseils de mon Avocat, & laissa écouler plusieurs jours sans y aller ; elle passa ces jours-
là dans une furie terrible ; il étoit impossible
de tenir avec elle : je songeois aux moyens
de m'en défaire, quand la procédure de mon
mari me tira d'inquiétude à cet égard ; car
étant sortie à quelques jours de là & allant
apparemment chercher ce certificat sous les
Charniers des Innocens, elle fut arêtée & conduite à la Conciergerie.

Dès que je sçus sa détention, j'allai la voir,
& prendre avec elle des mesures pour pouvoir
l'en faire sortir : ce fut là qu'elle m'avoua qu'elle
étoit ma mere, mais que je n'étoit point légitime. Cet aveu me fit une peine infinie :
je consultai mon Avocat qui me consola ; mais
quelques jours après ce fut bien pis, quand
on vint me présenter une autre femme qui se
disoit ma mere, & que l'on avoit arrêtée sur
sa déposition. Je n'avois aucune réponse à faire, sinon que je ne la connoissois point ; on

relâcha cette femme cependant, on vint peu
de tems après m'en préfenter une autre. J'avoue
que je ne pus m'empêcher de rire de toutes
ces femmes qui vouloient que je fuffe leur
fille. Je ne peux être fille que d'une feule ;
voilà trois femmes cependant qui me récla-
ment comme leur fille ; il n'y a jamais eu
d'aventures pareilles à la mienne ; encore fé-
rieufement fi j'en trouvois une qui me fit honneur , à la bonne heure , je la préférerois ;
mais l'une eft la fervante d'un fimple particulier , l'autre eft encore plus ignoble ; autant
vaut que je m'en tienne à Madame d'*Ul*......
Le Comte de la *Fere* me preffoit de répondre fur la diffolution de notre mariage : mon
Avocat me confeilla de préfenter une requête ,
contenant que , m'étant crue fille de Monfieur
& de Madame d'*Ul*..... je les avois chéris &
je leur avois obéi toute ma vie comme à des pere
& mere ; que fi tout ce que Monfieur le Comte
de la *Fere* difoit étoit vrai , je confentois volontiers à la diffolution de mon mariage ; mais
que craignant les fuites de la conduite déreglée
du Comte de la *Fere* dont j'avois lieu de re-
douter les mauvaifes intentions , je demandois
fauve-garde contre lui. Je fis le détail de toute

sa conduite , & nommément du tour cruel qu'il m'étoit venu jouer à ma Terre ; tour qui avoit causé la mort ignominieuse d'un Spadassin qu'il avoit amené avec lui. Sur cette requête , je gagnai mon procès ; mon mariage fut rompu ; le Comte de la *Fere* resta en prison pour caution de ses dettes : j'appris depuis que c'étoit ses créanciers qui s'étoient servis de ces découvertes pour me mettre dans le cas d'assoupir cette affaire en les payant. Ils m'ont louée depuis , de n'avoir point donné dans le panneau ; & bien loin que l'on ait jugé désavantageusement de moi , on a fait l'éloge de mon esprit , de ma bonne foi & de ma sincérité. Les créanciers du Comte de la *Fere* , n'ayant point de ressources pour se faire payer, le remirent en liberté. Quand à Madame d'*Ul...*, comme elle n'avoit plus contr'elle aucun poursuivant , elle en a été quitte pour trois ans de prison , qu'elle a supportés fort impatiemment , au bout desquels elle est sortie , & depuis ce tems je n'ai pas voulu la revoir. Contente de mon état & de ma tranquillité , je ne me suis point embarrassée de chercher ma véritable mere ; mon bien-être est assuré , voyons si ma conscience n'a rien à me reprocher.

H iiij

Dès que cette affaire fut terminée, je m'en
allai à la campagne, où je me fis de douces
occupations qui me tiroient de l'oisiveté de
mes semblables : je m'amusois ou dans mes
jardins, ou à jouer des instrumens ; en un'
mot, seule, je ne m'y serois pas ennuyée.
Déjà Paris m'étoit à dégoût ; déjà je repassois
mes premieres années, déjà je sentois l'amertume d'une conduite indigne de mes sentimens,
quand mon cher Avocat m'écrivit qu'il voloit
entre mes bras. Les vacances commençoient,
la campagne se remplissoit du monde des vil-
les, mes compagnies étoient déjà revenues.
Arrive enfin mon cher Avocat avec sa femme ; nous nous embrassons ; mes sentimens de
retour sur moi-même s'évanouissent bientôt entre ses bras. Mais peut-il y avoir de félicité
durable dans la vie ? ou plutôt, le crime peut-
il être une félicité.

Mon Avocat tombe malade un mois après
son arrivée ; sa chere femme s'allarme, lui-
même ne se sent pas bien ; on prend le parti
de le transporter à Paris ; il me quitte le cœur
tendre & sensible ; je vis couler des larmes
de ses yeux, je ne pus retenir les miennes ;
il est mort, me disois-je, son caractere est

changé ; son tempérament est affoibli ; ces marques de tendresse qui ne lui étoient point encore
échappées , sont des signes peu équivoques d'un
éternel adieu. Enfin nous nous quittons , il est
déjà à Paris ; & quinze jours après j'apprends
qu'il est enterré. Sa femme vint passer avec
moi le tems de son deuil , après avoir mis
ordre à ses affaires : ils s'étoient fait un don
mutuel en propriété par leur contrat de mariage. Ainsi il n'y avoit aucune discussion d'intérêt à craindre. Je passai des jours doulou-
reux dans la compagnie de ma bonne amie,
(c'est ainsi que je l'appellois ;) mais peu à
peu nos larmes tarirent leur source , & nous
passons à présent d'heureux & d'agréables jours:
nous sommes si attachées l'une à l'autre , que
nous ne pouvons supporter notre séparation.
C'est à cette femme que je dois le retour sincere & constant de la vertu la plus exacte :
il est bien juste que j'en fasse ici l'éloge.

Déterminées à passer nos jours ensemble ,
& à rester à la campagne sept à huit mois de
l'année, Madame *Dubreuil* vendit ses meubles,
se défit de son appartement & reprit chez moi
la chambre qu'avoit occupé mon prétendu pere.
Nous ne venions à Paris que le tems nécessaire

pour recevoir nos rentes & regler nos affaires.
A peine cet ouvrage étoit-il fait que nous re-
tournions à ma Terre. Je m'étois donné un
petit équipage propre, mais sans faste, & par
ce moyen nous étions les Maîtresses d'aller &
de venir à notre volonté.

Pendant ce tems de tranquillité le cœur
dégagé de soucis, libre de toute passion, la
raison porra son flambeau au plus intime de
mon cœur. Quelle criminelle conduite n'ap-
percevois-je pas ? j'ai prostitué mes sens à la
plus honteuse licence ! vaines excuses, qu'une
galanterie permise qui fait la décence de nos
mœurs ; vains prétextes, que la beauté & la
sensibilité ! si les sens ont triomphé, la raison
ne s'apperçoit - elle pas de leur triomphe ?
Suis-je au monde pour être l'image d'une brute?
& la loi naturelle qui se fait jour, ne m'a-
t-elle pas sans cesse opposé son flambeau ? je
me suis méprisée ! orgueil légitime, viens à mon
secours, & triomphe du cruel ennemi de ma
raison.

De ces sentimens de mon intelligence, je
passois à ceux de la Religion ; j'entrevoyois, à
l'aide de ses maximes, la corruption du cœur
de l'homme, sa pente à se deshonorer lui-même

& à remplir l'esprit des plus cruels remords. J'ai foulé au pieds mes devoirs, j'ai profané les secours du Ciel, je me suis servi de la permission que le Ciel donne à notre foiblesse pour mépriser & cette liberté, & les secours qu'il m'offroit dans la personne d'un époux. Je me suis enrichie des trésors de mon iniquité ; cependant c'est à ces mêmes trésors qui procurent ma tranquillité, que je dois aujourd'hui le retour de ma vertu.

Je flottois au milieu de tous ces sentimens ; ils m'accabloient des plus durs soucis. Ma chere amie s'apperçevoit de la perte de ma gaité, elle me surprenoit même quelquefois au milieu de mes combats, les larmes aux yeux ; elle s'en impatientoit. Ne pouvant retenir son silence qui la jettoit souvent dans de cruelles inquiétudes, elle m'aborda un jour dans ma chambre, sous prétexte de vouloir déjeûner avec moi : qu'avez-vous donc, ma chere Comtesse, me dit-elle ? je vous vois en proie à de violens chagrins ; auriez-vous des secrets que vous n'oseriez confier à ma foi ? par grace, ma chere amie, instruisez-moi de ce qui se passe dans votre cœur. Je le veux bien, lui répondis-je d'un ton de voix languissant & entre-

coupé de foupirs, je le veux bien ; je lui fis
part des actions les plus fecrettes de ma vie,
& des remords qui m'agitoient, à l'exception
de mes amours avec fon mari. Vous avez mené
une vie licencieufe, ma chere compagne,
reprit Madame *Dubreuil* ; mais votre cœur ne
fut jamais criminel ; la preuve fe trouve dans
vos remords ; oubliez le paffé, ne vous en
entretenez jamais, fuivéz ce que la raifon &
la Religion vous prefcrivent, & affurez vous
que le Ciel & la raifon, vous ont déjà par-
donné. La vie que vous menez, la folitude
qui fait nos plus cheres délices ; la joie inté-
rieure & extérieure que nous goûtons, que
vous goûtez même au milieu de vos juftes
remords, eft un témoignage non fufpect de
cette vertu qui domina chez vous au milieu
même de vos plus grands égaremens. L'homme
eft foible, vous avez éprouvé fa foibleffe ; la
raifon rend l'homme fort, la Religion le fou-
tient ; attendez tout de l'une & de l'autre : &
ne féparez jamais ces deux guides infaillibles.

Vos richeffes font un tréfor d'iniquité, cela
eft vrai ; mais il vous eft facile de les employer en tréfors pour l'éternité. Employons
les forces de notre cœur, de notre ame &

celles de nos facultés à réparer notre conduite
passée en usant de ces forces dans les maximes
que la raison & la Religion nous indiquent ;
soyons vertueuses, soyons bienfaisantes, soyons
modestes, soyons pieuses ; tel est le genre de
vie, qui vous rendant & à la raison, & à
la Religion, vous rendra cette paix, & cette
vertu l'objet de nos délices. Croyez - moi,
servons-nous de nos remords, comme d'aver-
tissemens salutaires : l'esprit foible, de cœur
criminel, se plongent dans l'horreur du tableau ; mais, l'esprit courageux ; le cœur vertueux s'en font un dégré pour aspirer à la
perfection. Formons ici un genre de vie qui
puisse satisfaire la raison & la Religion ; ou-
blions le passé, ne voyons que le présent, &
ne méditons que sur l'avenir.

Les grands sentimens de cette tendre amie
me saisirent, je l'avoue, & me firent un sensible plaisir : à mesure qu'elle m'entretenoit,
je sentois ce baume si précieux de la vertu se
répandre dans mon cœur ; mon esprit éclairé,
ne s'occupoit que de ses devoirs ; mes larmes
cesserent ; ce serrement de cœur s'évanouit,
& je m'abandonnai & à ses embrassemens &
à ses conseils.

Mon premier soin fut de me rendre la mere de mes Vassaux, d'introduire la paix dans les familles. Que de meres dénaturées ! que de filles prostituées qui auroient été sages, si au lieu d'invectives & d'anathêmes qu'on prononce contre leur conduite, on eût admis cet expédient qui est la base de la vertu ! Que de criminels Ministres qui regorgent des biens de l'Eglise, prêchent la pénitence au milieu des repas les plus délicieux, ou d'un nécessaire outré ! que de dévots, indignes objets du rebut de la raison & de la Religion, qui sacrifient ces victimes aux foudres des vengeances du Ciel, & qui ne donneroient point un écu pour établir leur bien-être. Monstres cruels, vous dévorez la substance de la veuve & de l'orphelin, votre vie n'est qu'un continuel concours de calomnies, de fureur ; Dieu vous redemandera compte de leurs ames, & leur sang criera vengeance au jour sacré des foudres du Ciel ! Ma chere amie prenoit le soin des pauvres & de nos aumônes ; nos actions étoient vertueuses aux yeux de notre société & aux nôtres ; elles étoient protégées du Ciel, elles subsistent encore telles à présent. Fasse le très-haut qu'elles subsistent éternellement ! c'est notre unique defir ; notre cœur eft pur , notre efprit eft fimple & droit , & nos jours font fereins & tranquilles.

Ce fut dans le cours de cette conduite que le Ciel m'envoya une de ces femmes agitée par le torrent de fes paffions , & à qui je devois de la reconnoiffance. On fe fouvient encore de mon féjour à Amflerdam , du fe- cours que j'y reçus de la part du Sénateur , fecours que je devois à la bienveillance de cet- te Flamande que le Marquis *du Catel* y ren- contra. J'ai paffé légerement fur ce qui la concernoit ; parce que je devois y revenir : voici le tems d'en parler plus amplement.

Cette femme , que j'appellerai *Dorothée* , étoit grande , bien faite , avoit un port ma- jeftueux , les trais de la phyfionomie touchants , parloit avec graces , joignoit à un vifage ou- vert & riant , un caractere fans fard & fans diffimulation enfin , c'étoit une femme faite pour plaire : tel fut le portrait que fa vue offrit à mes yeux ; elle étoit Françoife , mais elle avoit époufé un fameux Com- merçant d'Amflerdam , avec lequel fon pere étoit en relation ; l'Amour les avoit unis , un amour contraint les avoit défunis. Ne

pénétrons point plus avant, nous l'entendrons
elle-même.

Un matin on vint m'annoncer la visite de
cette femme, sous le nom de *Pascali*, qui
étoit le nom de son mari ; nous étions mon
amie & moi à nous entretenir à notre ordinaire ; je la fis entrer ; elle m'aborda avec un
air de connoissance & de familiarité qui me
frappa ; mais ne la remettant point, je pris
un air réservé ; elle s'en apperçut, les larmes
lui vinrent aux yeux, & s'écria : Quoi ! ma
chere Junon, vous ne me reconnoissez pas ?
Seriez-vous ingrate, ou suis-je entierement
effacée de votre mémoire, ou enfin, suis-je si
changée que la Flamande du Sénateur d'Amfterdam vous soit entierement inconnue ? A ces
mots, je me levai de dessus mon siége avec
précipitation & m'envolai au cou de ma chere
Bienfaictrice ; pardonnez, lui dis-je, mon
maintien réservé à votre égard. Je ne vous
ai jamais oubliée, vous êtes toujours présente
à mon cœur ; mais le nom sous lequel vous
avez parue, une espece d'abattement dont
vous êtes obsédée, m'ont fait une telle impression, que si vous ne vous fussiez nommée
autrement, je vous avoue que je ne vous aurois

ou

vu point, ou que très-difficilement reconnue.
Que je suis charmée de vous revoir ! heureuse
si je puis vous être bonne à quelque chose !
Hélas ! dit cette femme désolée, je n'ai plus que
vous pour ressource. En ce cas, l'interrompis-
je, vous ne serez pas frustrée de vos espérances ; restez avec nous, cette Dame que vous
voyez est mon intime amie, nous partagerons
avec vous vos peines & vos douleurs, quelque
chose qui puisse vous être arrivée ; mais avant
que d'entrer en matiere, il faut commencer
par déjeûner, vous êtes fatiguée. En ce cas,
me répondit-elle d'un ton de voix affoiblie,
faites-moi le plaisir de me faire donner un lit,
& quand j'y serai, faites-moi donner un bouillon : voilà de quoi j'ai actuellement le plus besoin.
Sur le champ, je lui fis préparer un lit, nous
montames avec elle dans la chambre qu'on lui
avoit préparée, nous l'aidames à se déshabiller,
& nous la mimes au lit : à peine y fut-elle, qu'on
lui donna un bouillon ; nous nous retirames &
la laissames à son aise.

Quel malheur est-il arrivé à cette femme,
disois-je à mon amie ? dans quel état, bon Dieu !
la vois-je ici ! Notre cœur étoit aussi saisi de
douleur que le sien ; qu'est-ce que la vie, di-

II. Partie. I

fions-nous ? quelle viciſſitude dans le cours d'un terme auſſi brief que celui de notre exiſtence! Matiere , me répliqua mon amie, matiere à exciter notre humanité donner de la force à notre vertu , & à oyer nos extravagances dans cette mer de bonnes actions que nous offrent les tréſors d'iniquité , dont vous ne ſçaviez que faire au milieu des remords qui vous agitoient il y a quelque tems. Allons , pourſuivons , & ſoyons charmées des occaſions que la Providence nous envoye pour notre propre avantage.

Mon amie monta chez *Dorothée* à l'heure du dîner pour ſçavoir ſi elle n'avoit beſoin de rien elle la trouva profondément endormie , & elle ſe retira ; elle dormoit encore à quatre heures du ſoir ; ce ne fut qu'à ſept qu'elle ſe réveilla , & qu'elle pria de lui donner un bouillon : on lui demanda ſi la compagnie lui feroit plaiſir : n'en doutez pas , répondit-elle ; mais je pourrois mal répondre aux témoignages de leur amitié , je prie que l'on me laiſſe paſſer la nuit ; demain il ne paroîtra plus rien à mes fatigues , & je ſerai en état de me lever & de remercier ma chere Bienfaictrice.

Le lendemain nous entrames chez elle dès qu'elle nous l'eut permis ; elle étoit encore dans ſon lit ; nous lui portames du chocolat , & nous en primes avec elle. Que d'obligations ne vous ai-je pas , nous dit cet infortunée femme ! j'étois morte ſans vous : imaginez-vous que depuis ſix mois je ſuis à Paris à dépenſer mon argent pour prouver mes droits contre des Débiteurs de mon mari qui ont fait banqueroute ; mon mari eſt mort il y a près d'un an , & depuis ce tems je ſuis en proie à la douleur , de façon que je n'ai plus de reſſources pour ma propre vie , que le ſecours des ames généreuſes & ſenſibles. Je ne ſçais, dans mon déſeſpoir, comment vous m'êtes revenue à la mémoire ; j'ai couru tout Paris pour m'informer de vous ; mais inutilement. Heureuſement je me ſuis ſouvenu du fils de ce Fermier général, des égaremens duquel le Sénateur vous délivra ; & je me ſuis informée à lui où vous étiez ; c'eſt lui qui m'a appris votre fortune, votre ſageſſe, votre vertu & le lieu de votre réſidence actuelle , je ſuis partie toute la nuit pour me jetter entre vos bras, je vous ai cru généreuſe , je ne me ſuis point trompée . mes peines ſont finies.

L'eſprit de ma chere *Dorothée* étoit ſeul de la partie , le cœur étoit oppreſſé , je m'en appercevois bien ; mais je fis ſemblant de ne m'en point apperçevoir , nous la priames d'être libre , elle

nous dit qu'elle étoit assez reposée, qu'elle alloit
se lever & descendre après nous, nous nous retirames & nous l'attendimes. Elle arriva comme
on alloit servir le diner, elle se mit à table avec
nous & mangea de fort bon appétit, elle reprit
une gaité qui, toute forcée qu'elle me paroissoit,
répandoit sur toute elle - même ce certain je ne
sçais quoi qui entraîne les cœurs ; son abattement
ne la défiguroit plus tant à mes yeux : enfin, je
commençois à revoir les premiers traits qui m'a-
voient tant charmée. Nous la laissames encore
se reposer toute la journée, il nous vient compagnie le lendemain, elle s'amusa ; &, chose que
je n'aurois jamais présumée, c'est qu'au bout de
huit jours cette femme redevint telle que je l'a-
vois vue à Amsterdam : une vie tranquille, sou-
tenue d'un espoir aussi flatteur, se voyant entre
nos bras, ramina ses forces presqu'éteintes par
la douleur.

Nous l'avions d'ailleurs dissipée par la vue du
Château, des Jardins, du Parc & de tout ce que
nous avions jugé plus à propos de calmer ou
suspendre ses ennuis. Cependant j'appercevois
toujours ce certain poids de douleurs qui l'accabloit ; je n'osois lui demander ce qu'elle avoit,
encore moins le sujet de ses peines, peut-être lui

aurois-je rendu service en la priant de nous en instruire : charmée de son côté de notre conduite , de l'ordre de ma maison ; elle s'écrioit de tems en tems : O vertu, ô sagesse , que vos cultes sont doux , & que ceux du crime sont amers ! Ces sentimens qui avoient pénétré le fond de son cœur , cherchoient une issue pour s'exhaler au dehors, elle voyoit ma retenue , elle s'en irritoit , mais admiroit me discrétion.

Un jour que nous nous promenions dans le Parc seules , tête à tête , nous nous assimes sur un banc de gason ; notre conversation étoit toute philosophique. Cet entretien , m'interrompit-elle est trop sérieux , entretenons-nous de nos évenemens. Je le veux bien , lui dis-je , & pour vous mettre à votre aise , je vais commencer par mes aventures. Je ne lui cachai aucune circonstance de ma vie , à l'exception du nom de mes Acteurs.

Dès que j'eus fini , elle s'écria : ›› Que de rou-
›› tes différentes conduisent au libertinage du
›› cœur ! Je ne suis nullement surprise de vos
›› égaremens , ils sont moindres que les miens ,
›› votre licence n'a jamais attaqué votre cœur ,
›› mais la mienne avoit sa source dans la propre
›› corruption du mien.

›› Je suis née à Vallenciennes de pere & mere

» Commerçans, mon éducation a été formée au
» sein de la vertu de la plus dévote mere ;
» à peine eus-je appris à lire que l'on me fit
» apprendre par cœur toute la Bible , à peine
» commençoit-on à m'entendre balbutier qu'on
» me mit entre les mains d'un Directeur , j'al-
» lois tous les mois à confesse me vanter , com-
» me dit *Boileau* ; on me faisoit apprendre les
» contestations qui regnoient pour lors sur les
» affaires de l'Eglise , à dix ans j'étois déjà
» chef de parti , ma mere m'adoroit , mon
» pere seul n'étoit mécontent ni de ma mere
» ni de moi , ma mere ne se mêloit ni de
» son commerce , ni de sa maison , toujours
» à l'Eglise ou chez son Directeur , elle ne
» faisoit pas un pas en faveur de sa famille ,
» elle étoit révérée comme une Sainte , on
» m'appelloit la petite *Eustochie* , parce qu'on
» appelloit ma mere la *Sainte Paule.* J'étois
» souvent témoin des différends qu'elle avoit
» avec mon pere : il avoit raison , mais je ne
» le concevois pas pour lors. J'étois souvent
» grondée par mon pere , mais c'étoit des souf-
» frances que ma mere m'apprenoit à respec-
» ter , de façon que mon pere , las de tou-
» jours recommencer en vain , fut le plus

» fage , & fe tut. L'âge de me marier arrivé,
» mon Directeur m'en empêchoit , me repré-
» fentant le célibat comme un état d'une plus
» grande perfection. Toute dévote que je fuffe,
» je n'obéiffois qu'à regret : mais mon pere
» eut pour cette fois raifon à mes yeux , il
» fe moqua des remontrances de fa femme ,
» & me maria à un Commerçant d'Amfter-
» dam , dont je vous ai appris la mort il y
» a quelques jours. Je m'abandonnai à mon
» mari , qui me fit quitter toute ma dévotion
» qui m'étoit déjà devenue à charge ; mais à
» quoi m'employera-t-il ? je ne connoiffois ni
» les ufages du monde , ni les bienféances de
» la fociété ; je ne fçavois en aucune façon
» les devoirs de mon état , ni à quoi un do-
» meftique à régler m'engageoit. Je ne con-
» noiffois de la Religion que l'erreur , le fo-
» lide m'étoit inconnu , enfin je ne me con-
» noiffois pas moi-même.

» Je quitte Valenciennes , & viens avec
» mon mari à Amfterdam. Je n'avois plus là
» ni Directeur , ni dévotion , ni efprit de parti :
» il fallut me réduire à mon commerce , mais
» j'y fentois une répugnance invincible , les
» leçons de mon mari fe perdoient en l'air ,

» j'étois toujours chagrine, & ne pouvois m'ac-
» coutumer à sa conduite : il crut qu'en me
» donnant la permission de faire des connoif-
» sances, ce qui est peu usité dans ce Pays,
» je pourrois reprendre mon air naturel, &
» qu'insensiblement je l'écouterois : j'usai de
» cette permission, non pour y faire des con-
» noissances parmi les femmes de mon état,
» mais parmi les plus hautes Dames de la
» Ville : le hazard m'en fournit l'occasion ;
» le Sénateur que vous avez vu venoit souvent
» chez mon mari, étant intéressé dans son
» commerce ; quand il n'y étoit pas je lui
» tenois compagnie, je voyois qu'il me flattoit
» beaucoup, & je commençois à m'y attacher ;
» mon mari revint pendant que nous étions
» à causer ; il s'étoit plaint quelquefois à lui
» de ma conduite à l'égard de mon aversion
» pour le commerce ; dans nos conversations
» je lui avois avoué cette répugnance ; j'allé-
» guois la conduite de ma mere & les raisons
» d'éducation : mon mari remit sur le tapis
» les causes de ses peines à cet égard : ses
» raisons étoient justes ; mais toutes justes qu'el-
» les étoient, il m'étoit impossible de m'y ren-
» dre. Mon mari, pour lors, dit au Sénateur

» qu'il m'avoit permis de voir compagnie ,
» telle que je la fouhaitois. Le Sénateur , s'of-
» frir de me recevoir chez lui où il recevoit
» du monde du bon ton ; qu'il feroit char-
» mé de me voir. Mon mari remercia le Sé-
» nateur , & fur le champ m'ayant fait habiller,
» le Senateur m'emmena dans fon équipage
» & me conduifit à fa femme.

» Ce fut là que j'oubliai ce commerce &
» mon mari , que j'oubliai les reftes expirans
» de ma dévotion , qu'enfin je laiffai mon
» cœur entre les bras du Sénateur. Ce com-
» merce dura long - tems ; nous allames à fa
» Campagne , nous y reftions des quatre , fix
» ou huit jours , fuivant le torrent de nos
» plaifirs. Sa femme mourut , il ne la regret-
» ta pas plus que moi , elle étoit de trop.
» Mon mari m'ordonna de revenir ; le Séna-
» teur s'en moquoit ; ils fe brouillerent en-
» femble ; je fus bientôt brouillée avec mon
» mari , & je reftai chez le Sénateur où
» vous m'avez trouvée. Mon mari avoit écrit
» à mon pere & à ma mere toute la turpitude
» de ma conduite ; les fermons me volerent
» par écrit ; mais mon cœur trop long-tems
» captivé n'avoit que fufpendu l'éclat de fes

» folles ardeurs. Mon pere me déshérita, je
» m'en souciai fort peu.

  » Deux ans après votre départ d'Amfter-
» dam, le Sénateur tomba malade ; il vit ap-
» procher fa fin & me tint ce difcours : J'ai
» pourvu à vos befoins, me dit-il, avant ma
» mort ; préparez - vous à paffer à Londres ;
» j'y ai adreffé des fonds à un fameux Ban-
» quier, avec lequel je fuis en correfpondan-
» ce : vous ne pouvez, après l'éclat que vo-
» tre famille & votre mari ont fait, habiter
» avec eux ; ils peuvent même après ma mort
» vous jouer de mauvais tours : ainfi, croyez-
» moi, voilà de l'or & des diamans que je
» vous remets en main, partez dès demain
» pour Londres, & adreffez - vous à M . . . .
» vous y ferez bien reçue ; fouvenez - vous
» d'un homme qui meurt en vous adorant.
» Je regrettai fincerement le Sénateur qui
» mourut quinze jours après mon départ pour
» Londres, où je m'étois réfugiée chez fon
» Banquier ; j'y fus accueillie & très - bien
» reçue ; je reftai trois mois chez lui au milieu
» des plaifirs ; mais ce tems paffé, ne voulant
» pas lui être à charge davantage, je le priai
» d'exécuter la volonté du Sénateur, & de

» me rendre ce qu'il lui avoit fait paſſer : ce
» Banquier me promettoit tous les jours &
» ne me tenoit aucune parole : fatiguée de
» tous ces délais, j'allai un matin pour le
» ſurprendre dans ſon cabinet, réſolue de
» n'en point ſortir que je n'euſſe mes fonds :
» je trouvai la porte du cabinet fermée, je
» heurte, on vient à moi & on me dit que
» M . . . . étoit parti pour la campagne pour
» huit jours : allons, dis je, il faut donc at-
» tendre ; mais quelle ſurpriſe le lendemain
» de voir des Gens de Juſtice, des Commiſ-
» ſaires, des Huiſſiers, s'emparer de tous ſes
» effets & le déclarer banqueroutier ! Je ne
» vous dirai point les pleurs que je verſai,
» la rage qui s'empara de mon cœur ; je me
» conſolai de cet événement avec l'or que le
» Sénateur m'avoit remis, & encore les bi-
» joux que j'avois apportés : je quittai cette
» maiſon, & allai louer une chambre garnie ;
» mais comment m'accoutumer, ſeule & ſans
» expérience, à me paſſer de domeſtique ; la
» douleur s'empara de moi, j'eus recours à
» mon pere & à ma mere, à mon mari ; je
» ſuppliai, tout fut inutile : voyans cette bar-
» barie, je ſuivis le penchant de mon cœur ;

» je louai un appartement commode & affez
» bien meublé ; je pris une femme de cham-
» bre qui me fervit de cuifiniere, & un la-
» quais. Je m'imaginois que mes fonds de-
» voient toujours durer.

   » Quand mes efpeces furent taries, ma
» femme de chambre, qui étoit intriguante,
» s'appercevant que je vendois mes bijoux,
» me dit : je vois que vos fonds, Madame,
» finiffent ; ne vaudroit-il pas mieux les ac-
» croître aux dépens de quelques Seigneurs
» ou de quelques Gens riches, plutôt que de
» vous laiffer manquer ; vous en êtes aux bi-
» joux ; quand vous n'en aurez plus, que
» ferez-vous ? pendant que vous pouvez en-
» core vous foutenir, croyez-moi, fuivez mes
» confeils : mon cœur, qui étoit parfaitement
» d'accord avec ces fentimens d'affection de
» la part de *Juftine*, (c'étoit le nom de ma
» femme de chambre,) confentit à tout.
» Dans le jour même elle me préfenta le fils
» d'un riche Négociant, qui me donnoit tout
» ce qu'il voloit à fon pere ; bientôt j'eus le
» Marquis & le Comte, & en peu de tems
» il ne fut plus queftion dans Londres que
» de la belle Flamande : je ruinai tant de

» Seigneurs & tant de peres qu'on me pria
» de fortir de Londres ; j'emportai mes richef-
» fes & me retirai en Italie ; je n'y fis pas
» fortune , & la mienne y dépérit. Enfin , je
» quittai l'Italie & revins à Paris.

» A peine arrivée dans cette Ville , j'ap-
» pris la mort de mon mari ; je retournai à
» Amfterdam , où je fis valoir mes droits ,
» qui , malgré les oppofitions des parens du
» défunt fondées fur ma mauvaife conduite ,
» prévalurent , ayant fait voir la dureté avec
» laquelle j'avois été traitée ; mais comme
» mes droits étoient à prendre fur des débi-
» teurs de Paris , que mon mari que j'avois
» fait mourir de douleur avoit négligé fon
» commerce , je fus obligée de revenir à
» Paris , où depuis un an j'ai dépenfé tout
» ce que j'avois , à la pourfuite de mes droits
» contre des banqueroutiers , qui ne me le
» rendront jamais ? mon deffein étoit , pour
» me rétablir dans mes finances , de fixer
» dans cette grande Ville le théâtre de mon
» infamie. Cette réfolution me fit peine , mes
» yeux s'ouvrirent fur mes égaremens ; je
» pleurai fur le commerce criminel dont
» j'appercevois toute l'horreur , & je tombai

» dans le défespoir : ne fçachant à qui m'a-
» dreffer , incertaine de mes démarches , j'ai
» écrit à mon pere & à ma mere ; mais leur
» fureur n'a rien de l'Humanité ; ils me re-
» fuferent tout fecours , & m'abandonnerent
» entierement ; je tombai malade , abîmée
» dans ma douleur : à peine pus-je trouver ce
» qui m'étoit néceffaire , je n'eus plus de reffour-
» ce que de m'aller jetter dans la riviere.

» Ce fut dans cet état de la crife la plus
» violente que je me fuis fouvenue de vous ,
» & qu'après tant perquifitions , le Ciel m'a
» enfin rendue à votre amitié. «

Cette converfation ne fe tint pas , de la
part da ma chere Dorothée , fans répandre
un torrent de larmes , qu'un fincere repentir
faifoit couler ; je la confolai ; nous nous retirames dès qu'elle put fe relever , bientôt
nous fongeames à faire fa paix avec fon pere
& fa mere. Nous eumes le bonheur d'y réuffir , & j'eus la fatisfaction de la voir employer fon bien à entrer dans une Communauté , dans laquelle , libre de fes actions ,
elle les confacra toutes à la vertu & à la fageffe la plus auftere ; elle nous vient voir fouvent , & nous fommes charmées de la voir ,

de l'entretenir & de nous amuser. Critiques,
le jugement que vous portez de notre conduite , est la suite de la dureté de vos cœurs :
Sçachez , que la douceur , l'honnêteté & la
tendresse , sont les fruits les plus précieux d'une
solide piété.

F I N.